U0844198

十韻彙編資料補並釋

魏建功◎著

山西人民出版社
山西出版傳媒集團

圖書在版編目(CIP)數據

十韻彙編資料補並釋 / 魏建功著 ·－太原：山西人民出版社，
2015.3
(近代名家散佚學術著作叢刊 / 許嘉璐主編)
ISBN 978-7-203-08944-5

Ⅰ.①十… Ⅱ.①魏… Ⅲ.①韵書－研究－中國－清
代②《切韵》－研究 Ⅳ.①H113.1

中國版本圖書館CIP數據核字(2015)第031802號

十韻彙編資料補並釋

主　　編　許嘉璐
著　　者　魏建功
責任編輯　梁晉華
助理編輯　張　潔

出 版 者　山西出版傳媒集團·山西人民出版社
地　　址　太原市建設南路21號
郵　　編　030012
發行營銷　0351-4922220　4955996　4956039
　　　　　0351-4922127(傳真)　4956038(郵購)
E-mail　sxskcb@163.com　發行部
　　　　　sxskcb@126.com　總編室
網　　址　www.sxskcb.com

經 銷 者　山西出版傳媒集團·山西人民出版社
承 印 廠　山西出版傳媒集團·山西人民印刷有限責任公司

開　　本　700mm×970mm　1/16
印　　張　8.5
字　　數　133千字
印　　數　1—3000册
版　　次　2015年3月　第一版
印　　次　2015年3月　第一次印刷
書　　號　ISBN 978-7-203-08944-5
定　　價　21.00圓

《近代名家散佚學術著作叢刊》編委會

出版説明

《近代名家散佚學術著作叢刊》選取一九四九年以後未再刊行之近代名家學術著作共一百二十册，編例如次：

一、本叢書遴選之著作在相關學術領域具有一定的代表性，在學術研究方向、方法上獨具特色。

二、爲避免重新排印時出錯，本叢書原本原貌影印出版。影印之底本皆經專家組審定，原書字體大小、排版格式均未做大的改變，原書之序言、附注皆予保留。

三、本叢書分爲八大類，以作者生卒年編次。

四、爲使叢書體例一致，本叢書前言後記均采用繁體字排版。

五、個別頁碼較少的版本，爲方便裝幀和閲讀，進行了合訂。

六、少數學術著作原書内容有個別破損之處，編者以不改變版本内容爲前提，部分進行修補，難以修復之處保留缺損原狀。

七、原版書中個別錯訛之處，皆照原樣影印，未做修改。

八、所選版本之抽印本頁碼標注，起始至所終頁碼均照原樣影印，未重新編排標注新頁碼。

由於叢書規模較大，不足之處，殷切期待方家指正。

—總 序—

披沙瀝金，以爲鏡鑒

◇ 許嘉璐

多年來有一個問題始終在我腦中盤桓：爲什麽在十九世紀末到二十世紀初，在短短的幾十年裏，中國的各個學術領域竟涌現了那麽多大師級的人物？這是中國近代史上一個極爲重要的現象，我認爲，如果不能給出令人滿意的答案，我們撰寫的近代學術史將是不完整的，甚至是缺乏靈魂的。後來我知道，著名人類學家克羅伯曾提出過一個問題：爲什麽天才成群地來？看來這種現象的出現並非中國所獨有，思考其所以然的也大有人在。而在那一次世紀之交中國的情況，似乎應驗了"天才成群地來"這個令克氏久久不解的疑問。錢學森先生曾從相反的方向提出了相同的疑問：爲什麽我們這個時代出現不了杰出人才？後來人們稱這個問題爲"錢學森之謎"。

要回答這些疑問不是件容易的事。與其迅速地囫圇地探尋，不如先多了解那些讓中國近代學術（應該包括人文科學和自然科學）史上閃耀着光輝的大師們的作品和自述，從而在腦海里盡量"復原"他們所處的環境和在那種環境下的心理路徑，從中或許可以得到一些啓示。

有一點是顯然的，這就是他們雖然都已遠離塵世而去，但是他們獨立思考的品性、求知治學的真誠、困厄窮愁中對節操的堅守，恐怕是他們共同的主觀因素，一直影響到現在，而且將會永遠留存下去。

就思想界、學術界而言，二十世紀上半葉是一個新説和舊説碰撞，中學和西學融匯的大時代。那時的學人極爲重視言行操守，同時具備現代知識分子的理想信念；他們的學術研究十分純净，絶少功利因素；他們的視界開闊，以包容的心態和嚴謹的風格造就了成果的大氣與厚重。至於在客觀因素一面，他們實際是在用工業化時代的事實解説着太史公所説的名山之作“大抵聖賢發憤之所爲作”，困厄苦難使得他們“皆意有所鬱結”。這種鬱結，幾乎和個人的名利毫無牽涉，他們永遠不能釋懷的，是民族的存亡、國運的興衰、民衆的福禍和文脈的續斷。

那個時代也是近代歷史上最大規模的中西古今學術調適、創新的時期，學術方法上的交互滲透和融合、創新亦可謂“於斯爲盛”。斯時之學人是要在封閉的屋墻上鑿出窗子的勇士，是使人能够看看外部世界的第一批導夫先路者；或者可以説，他們是在“意有所鬱結”時“彷徨”和“吶喊”的“狂人”。

相對於那時的哲人們，後來者是幸運兒。現在的形勢是，近三十年來學界空前繁榮，衆多學科有了長足之進，其中很重要的一點是學界有了更新穎、更廣闊的國際視野，似乎接續上了百年前的學壇盛事。但細想想，“古”與“今”還是有差别的。其异，主要不在於世界情勢、學術進展、工具改善這些客觀存在，而在於在廣泛吸收各國優長的同時，自身文化的主體性越來越受到重視，换言之，“拿來主義”已經延長了“拿來”的程序，加上了試用、甄别、篩選、吸收、融合、成長。就我孤陋所見，在當今地球上，面向所有異質文明，努力汲取我之所缺，其範圍之大和心態之切，似乎無出中國之右者。從這個角度説，我們已經超越了前輩。但是事情還有另外一面，學術，特别是人文學科，其職業化、“沙龍化”和功利性，以及隨之而來的浮躁病却嚴重了。從這個角度説，是不是我們已經後退得够可以的了？而這是不是我們這個時代出不了大師的原因之一呢?

民國學術界的特點之一是極爲注重對傳統的反省、批判與繼承。他們對傳統文化盡最大的努力進行整理和研究。一方面，由於戰亂頻仍，民不聊生，學者們擔起了讓中華文化薪火相傳的歷史責任；另一方面，他們要通過對中國傳統文化的整理、挖掘來重振民族自信心。這一時期對傳統文化進行整理的全面而深入是前所未有的，舉凡文字學、語言學、經濟學、法學、哲學、政治制度、書法繪畫、金石學……規模之宏大，研究之精微，令人嘆爲觀止。

民國學術推動了現代學科體系的建立。在對傳統文化整理和研究的基礎上，吸收西方的文化思想和理念，推動和建立了中國現代學科體系。例如，在對語言文字和音韵學成果進行整理、研究的基礎上開始着手規範之，建立了國語學；深入研究書法、國畫，將其融入了現代美術學科；在廢除舊有學制後逐步建立起小、中、大學較完整的科目和學科體系。

民國學術也改變了傳統學術方式，建立了新的研究範式。以現代科學考古爲發端，科研的實踐和成果使中國知識界真正認識到在實驗、比較基礎上的邏輯分析對學術研究的重要，推進了中國學術的一大演變。至於我們常説的打破士大夫傳統、走出書齋到田野鄉村和市民中進行調查研究、結束了經學時代、以歷史眼光檢視儒學和諸子等等，都是確立新學術範式的努力。這一轉變，也標誌着中國學術界脱胎换骨，全面進入了現代，爲此後的學術發展奠定了堅實的基礎。當然，西方啓蒙運動以來，在“現代性”和“現代化”裏潛伏着的缺陷和謬誤也傳到了中國，這些不能不在前哲的著作裏留下痕迹。這並不奇怪。類似的情況，古往今來孰能免之？猶如今天的我們，誰敢自稱我之所見就是永恒的真理？在這個問題上兩個時代所異者，或許就在昔時大家創立新説或譯註西學著作，往往是懷着對學術和前哲的敬畏而爲之，故而常常誤不在我；當今則往往出於對學問和他人的輕蔑，或以所研究的對象爲謀己的工具，因而難辭主觀之咎吧。翻閲他們的心血之作，這些復雜的狀况可以顯見，可以視之爲我們的一面鏡子。

滄海桑田，世事變幻，歷史的動盪和時代的遮蔽，使當年許多大師的一些極有價值的學術著作被棄於故紙堆中，不能不令人有遺珠之憾。爲此，山西人民出版社不惜以數年之艱辛，披沙瀝金，編輯出版這套《近代名家散佚學術著作叢刊》，凡一百二十册，計文學、史學、政治與法律、美學與文藝理論、民族風俗、宗教與哲學、經濟、語言文獻共八大類别。所選皆爲作者之純學術著作，無論是其見解、精神，抑或是其時代烙印，都是後輩學人可資借鑒的寶貴財富。他們出版這套叢書，意在讓世人不忘來程，知篳路藍縷之不易，爲民族文化的傳承再增薪木。

出版社的初衷，與我近年來所思所慮近似，故願略述淺見於書端，以與策劃者、編輯者和讀者共勉。

二〇一四年七月六日

改定於自安東回京途中

一前 言一

二十世纪学术大厦散落的珍贵基石

◇ 李明君

二十世紀前期，注定是中國學術研究跨入現代科學發展風雲際會的時代，它基本上奠定了本世紀學術大厦的基礎。

進入二十一世紀後，當我們站在輝煌學術大厦的頂端，躊躇滿志地回眸近百年學術成果的時候，在大厦的上空，似乎迴旋着一種久已消逝的聲音；在大厦的背後，似乎散落着一些久已塵封的基石——它們，便是一些散佚的二十世紀前期的學術著作。這些在當時乃至後來都産生過重大影響的名家學術著作，一九四九年以後，基本上没有在大陸再版，因而逐漸沉没在忘卻的海洋裏。

七八十年之後，當我們拂去灰塵，重新審視這些散佚的學術著作時，才發現它們的價值是如此的珍貴，成果是如此的豐厚，研究是如此的深入，而傾注的情感又是那麽的深沉。重讀這些經典，仿佛是聆聽這些儒雅的學者給我們講述民國學術的蹉跎歲月，唤醒了我們久已淡忘的歷史記憶。

一、西學東漸與承前啓後

二十世紀前期，西風東漸，中西文化交流擴大，新知識、新觀念大量涌入我國。倡導科學精神與采用科學研究方法，不僅衝擊了中國原有的知識體系和思想觀念，更爲現代學術思想的更新和研究拓展了空間。

這一時期的學術研究集中地體現在繼承、清理傳統學術的“承續先哲將墜之業”和“開拓學術之區宇，補前修所未逮”（陳寅恪《王静安先生遺書·序》）兩個方面。學者們既是傳統學術的繼承者，又是現代學術的開拓者。

二、清理拓荒與學術奠基

辛亥革命之後，社會文明進步，文化教育普及，學術研究也力求使高深的學問向普及的大衆化知識轉化。故而，其時以基礎的和通論性的著作爲多見。

例如，邵鳴九的《國音沿革六講》、胡以魯的《國語學草創》、羅常培的《國音字母演進史》、吴貫因的《中國文字之起源及變遷》以及王力的《漢字改革》等即屬此類。

而論點集中的專題性論著，如王力的《南北朝詩人用韵考》、王光祈的《中國詩詞曲之輕重律》、白滌洲《關中入聲之變化》等，則以其研究深入和範疇擴展而更有價值。

這些學人以杰出的膽略、識見、才華，以及對本學科知識的通體了解，破除成見，大膽創新，開創了二十世紀學術發展的新局面。

三、學出多門與新式教育

這些學者們知識豐厚，見解獨到，憑藉着傳統文化的根底和新鋭的西方現代學術觀念，意氣風發地縱横文壇，在多個領域都有建樹。

他們大多具備深厚的國學修養：如夏敬觀爲清光緒年舉人，工詩善詞，兼治經學。盧冀野是曲學大師吴梅的門生，錢玄同爲國學大師章太炎的弟子。

而新式的學校教育和出國留學則直接學習西方科學的理論和方法，爲中國的學術研究注入了新的活力。

本編的作者們大多留學於歐美東洋，有過親炙現代學術導師和受現代學術訓練的經歷。如沈兼士、胡以魯、吴貫因等曾留學日本，王力留學法國，周傳儒有過英國劍橋、德國柏林大學的求學經歷，而王光祈則客居德國十多年，於政治經濟學與音樂學多有研究。

這些學者們歸國以後，或執教於高等學府教書育人，或投身於科研機構潛心工作，爲以後的著書立説進行知識的儲備。

本編中周傳儒、羅常培、顧實的著作即是在大學講義的基礎上創作的，白滌洲的《關中入聲之變化》也是在陝西關中四十二縣方言調查的基礎上撰成的。由於這些著作經過教學實踐和實地考察，因而研究成果扎實，學術含量深厚。

本編不少作者除音韵研究術有專攻之外：邵鳴九在傳統經學、幼兒教育、日本教育、地方行政教育、院校學科管理方面著述甚多；王光祈有音樂、戲劇、美術、國防、外交、政治方面的譯作論著幾十種；盧冀野於古代戲曲、詞曲、詩歌、小説、散曲、舊體詩等方面也著述豐厚。

民國學者知識廣博，師出多門，不囿一業，是一種非常普遍的現象。

四、資料功夫與科學解釋

王國維先生曾説："古來新學問起，大都由於新發見。"（王國維《最近二三十年中中國新發見之學問》）掌握新資料，采用現代科學理論研究新問題，是二十世紀前期學術研究的鮮明特點。

民國初年，地不愛寶，考古新材料如殷墟甲骨、敦煌遺書、西陲簡牘相繼出現，爲現代學術研究提供了豐富的資料基礎。學者們充分利用考古新資料和西方現代音韵學研究的理論及方法，使語言文獻學的研究得到長足的發展。

例如，周傳儒的《甲骨文字與殷商制度》就利用了殷墟考古出土的甲骨文資料，魏建功的《十韻彙匯編資料補並釋》則利用了國内外的敦煌石窟、高昌古城發現的古韵書新資料。

而胡以魯采用現代人類學、心理學、生理學理論對語言的發生、變化以及口舌發音的科學解釋，王光祈將我國"平聲"之字與近代西洋語言之"重音"與古希臘文字之"長音"的比較，以及白滌洲采用幾十幅圖表反映關中方言入聲變化規律的研究，都令人耳目一新。

這些學者們在研究問題時采用的資料之豐富、理論之新穎、考察範圍之廣袤、考釋方法之縝密，都是傳統研究者所難以達到的。

五、良好的學術環境與端正的學術風氣

經過了六七十年的時空距離，我們似乎不得不承認一九二七年至一九三七年的這十年，雖然社會動盪、戰亂時起，但卻是中國學術發展環境、學者精神狀態與物質待遇都相對優越的年代。這十年間，中外學術交流頻繁，科學研究興盛，學術成果豐碩。本編作品，基本上都撰成或出版於這十年。

這期間學術研究的繁榮與發展主要表現在以下諸方面：

（一）前輩學者對新學者的推崇獎掖

民國初期，前輩學者對青年學子的獎掖成爲風氣：梁啓超就盛贊清華國學院學生王力的《中國古文法》爲“精思妙悟，可爲斯學辟一新途徑”。章太炎也稱譽胡以魯的新著爲“精微畢輪，黄中通理，其用心可謂周矣”（章炳麟《國語學草創》序）。而當時的胡以魯才僅僅是個留日歸國的本科學士。

（二）學術觀點表達自由，學術争論視爲雅事

學術争論是提高保持學術活力、學術質量，維護學術尊嚴的重要形式。學術争論提倡百家争鳴，以理服人。

學者周祖謨針對音韵學研究中固守舊説的現象，認爲“學者求知，貴得其真，豈可專己守殘，隨聲附和”（周祖謨《古音有無上去二聲辨·字辨第五》）。顧實也以“發明古籍之奥藴，是正世儒之訛謬”（《重考古今僞書考·蔣維喬序》）的膽略，重考清代辨僞名著《古今僞書考》。

學者邵鳴九針對有人視唐代三十六字母與北宋《廣韵》爲金科玉律的觀點，風趣地説：從周到秦“若説這一千年之中，標準音一些也没有變，姬昌和嬴政竟可促膝而談，相説以解，恐怕没有這種情理”（邵鳴九《國音沿革六講》）。

那個時候，不僅學術評價實事求是，而且學者之間相互尊敬，有着良好的學

術氛圍。

例如，沈兼士就“極爲感謝”李方桂、林語堂、魏建功等人對其“右文説”的專函討論，認爲“諸説均足訂補鄙見之不足”（沈兼士《右文説在訓詁學上之沿革及推闡》附識），體現了一種學人的雅量。

吴貫因針對拼音字母必將取代漢字的時論，力排衆議，認爲“全廢漢字，前途尚覺遼遠”（吴貫因《中國文字之起源及變遷》）。現代漢字發展證明他的預見是正確的。

（三）學風嚴謹，資料來源清楚

嚴謹的學風與註明資料來源，是學術品德高尚的表現。白滌洲在著作中附録的《關中入聲變讀聲調譜部首索引》，是自古以來傳統文獻所鮮見，而現代學術著作不可或缺的書籍檢索構成。

魏建功、邵鳴九、王力等學者在引用他人論述時，均説明來源，標明作者的時代、書名、篇章，對引文亦如實迻録，低兩格排印，以示鄭重。既不掠人之美，又無曲解原義。

（四）學風端正，著述言簡意賅

本文作者曾經統計了語言文字編的八九本著作的頁碼與字數：其中頁碼最多、書籍最厚者是胡以魯的《國語學草創》，一百四十七頁，頁碼最少、書籍最薄者爲王光祈的《中國詩詞曲之輕重律》僅四十一頁；而書籍字數最多者爲七萬三千多，最少者則不足二萬。

雖然這些書籍都很薄，但在撰寫中卻用力甚勤：學術内容豐厚，書籍章節完備，文字表述精準，毫無浮滑不實的繁言蔓詞和故作深奥的賣弄之嫌。

面對這些沉甸甸的精深之作，反觀時下動輒幾十萬言的“皇皇巨著”，學術水平的高下自然不難判斷。

六、憂患意識與書生報國

“位卑未敢忘憂國”這種偉大的愛國情懷，每當國家危難之時，無論在傳統文人還是在現代知識分子身上都表現得那麽深沉。

的確，在國難之時，挺身而出，積極參與，是一種非常可敬的愛國行爲。即如《中國詩詞曲之輕重律》的著者王光祈，就積極參加過四川的保路運動和北京的“五四”遊行、籌辦過“少年中國學會”，是一位熱情的社會活動家。《廣中原音韵小令定格》的著者盧冀野，抗戰期間創作的《中興鼓吹》曾分贈前綫將士，起到了鼓舞士氣的作用。

然而，就知識分子群體來説，絶大多數人則不可能奔赴疆場，那麽像明末清初的“易堂九子”那樣，“兄弟戚友保聚一地，相與從容講文論學於乾撼坤岌之際”（陳寅恪《贈蔣秉南序》），就是一種更爲深重地延續文脈、保存國粹的愛國行爲。即如抗戰期間的西南聯大、中央研究院的學者們，在艱苦的條件下，或考察研究，或教學著述，無疑是一種文人的報國方式。

學者王力就將做學問與抗戰聯繫起來，他説：“前方將士正在浴血苦戰的時候，我們這班文人還安享着國家的俸給，清夜捫心，實在慚愧。若對於國家當前的問題，也不肯本平日所學，貢獻所知，則國家養士何用?”（王力《漢字改革·自序》）知識分子的愛國真情表露無遺。

而像劉半農那樣在考察方言途中染病逝世，像白滌洲那樣，在家中連喪五位親人之後還忍痛遠赴西北進行考察，不久也因病而逝的報國行爲，就更加感人至深，令人嘘唏。

書生報國，鞠躬盡瘁，死而無悔，是那一代知識分子共同的情操。

七、結集出版與刊物發表

出版印刷的興盛爲二十世紀前期的學術繁榮做出了突出的貢獻。民國時期許多優秀的學者如張元濟、高夢旦、王雲五等相繼入主出版，更多的學者如胡適、胡愈之、沈雁冰、葉聖陶等參與編輯。他們氣度豁達，慧眼識珠，出版專著，創辦刊物，編纂文庫，結集叢書，使許多學術新見解和研究新成果得到了及時、多元的表達，加速了學術研究的發展與傳播。

本編的著作大多初版即爲專著。也有一些學者如沈兼士、王力、周祖謨、白滌洲等的著述卻是先發表於刊物，後來才抽印成專著的。這些抽印本有過學術討論的積澱，水平自然可嘉。

二十世紀初，雖然白話文與新式標點曾遭到激烈反對，但它們還是以明了通暢的形式佔據了民國文本形式的主流。本編的作者們大都能較熟練地運用白話文進行寫作，有時"因欲與引证文字相符合"，而不得已采用文言文時還特地加以説明（邵鳴九《國語學沿革六講·例言》）。這種爲讀者着想的方法無疑促進了中國學術由高深奥妙向大衆"公器"的轉變。

民國書刊的排列雖因時代新舊交替而横、竪并存，但統一采用新式標點符號，則是學者們引領潮流，與時俱進思想的表現。

撫今追昔，當我們掀開這些泛黄的書頁，看着似曾相識的繁體字，竟萌生出一種撫摸民國學術體温的感動。

他們的貢獻無愧於那個時代，

他們的著作堪稱爲學術經典。

是以爲序。

二〇一四年五月十五日於三亞學院

作者簡介

魏建功（一九〇一年—一九八〇年），著名語言文字學家、教育家，我國現代語言學的早期開拓者之一，北京大學中文系古典文獻專業的奠基人。他畢生主要致力於漢語文的教學和研究工作，在聲韵學方面有很深的造詣。其著作《古音係研究》和其他一些論著，在漢語言語音的研究上均佔有重要的地位。新中國成立後，他爲漢字改革和語文教育的普及作出了重大貢獻。他主持編纂的《新華字典》，是新中國成立以後影響最爲廣泛和深遠的一部純正的現代漢語字典。

十韻彙編資料補並釋

魏 建 功

十韻彙編是國立北京大學研究院文史部出版的文史叢刊之一種。 這是用廣韻做主體，把國內外殘存的切韻系統中間的九種材料排比寫錄出來的一部中古韻書資料，詳細內容有原書可看，主要點見彙編拙序。 彙編出版在抗戰開始的前一個月，因此除了預約的定戶，幾乎沒有能流通，大部分存書在北京大學出版部遭受暴敵的佔據改作憲兵司令部的時候就散失了！我因爲向發起編印本書的劉復教授參與過末議，並且擔任了一個早經默契的工作，把這些材料的原本都仔細注意過，流亡的期間始終携帶在身邊。 劉君沒有能見到這部書出版就因爲作學術旅行得病故去，我們繼續他的志願又收羅了一些材料，可又被抗戰阻礙著出版的機會；劉君的目的却已經得到相當成就，就是彙編出版以後也引起南北學者的運用研究，見燕京學報和說文月刊，現在把這部分應該補充的材料發表，聊以完成劉君的初志。

所謂"十韻"是：

(1)吳縣蔣氏藏唐寫本唐韻　書中簡稱"唐"，我用材料存在的地方做編號，叫"國一"。

(2)國立北平故宮博物院藏唐寫本王仁昫刋謬補闕切韻　書中簡稱"王二"，我編號叫"國二"。

(3)英國倫敦博物院藏唐寫本　書中據王國維摹錄本簡稱"切一"，我編號叫"英一"，原本無"切韻"題名，王氏考訂所定。

(4)英國倫敦博物院藏唐寫本切韻　書中簡稱"切二"，與前一種同據王氏摹本，我編號叫"英二"。

(5)英國倫敦博物院藏唐寫本切韻　書中簡稱"切三"，我編號叫"英三"。

(6)法國巴黎國家圖書館藏二〇一一唐寫本王仁昫刋謬補缺切韻　書中簡稱"王

一''，我編號叫''法四''。

(7)法國巴黎國家圖書館藏五代刻本刋謬補缺切韻　　書中簡稱''刋''，我編號叫''法六''。

(8)德國柏林普魯士學士院藏唐寫本　　書中簡稱''德''，我編號叫''德一''。

(9)日本大谷光瑞藏唐寫本　　書中簡稱''西''，我編號叫''日''，原本無題名，西域考古圖譜影印註作''唐韻''，彙編據之。

(10)廣韻　　書中簡稱''廣''，用涵芬樓覆印古佚叢書仿宋本。

這十種的實際或許應該更多，或許若干部分應該併合，在研究的方面不十分感到必要，便概括稱做''十''韻了。我的編號在''法''''德''兩方面還有其他幾種，爲數凡八：

（一）法一　　巴黎國家圖書館藏二〇一六唐寫本孫愐序切韻。

（二）法二　　巴黎國家圖書館藏二〇一七唐寫本陸法言序切韻。

（三）法三　　巴黎國家圖書館藏二〇一八唐寫本。

（四）法五　　巴黎國家圖書館藏五五三一刻本。

（五）德二　　柏林普魯士學士院藏唐寫本。

（六）德三　　柏林普魯士學士院藏刻本切韻。

（七）德四　　柏林普魯士學士院藏刻本。

（八）德五　　柏林普魯士學士院藏唐寫本。

以上八種，合前十種，再加集韻，成功我在昆明爲紀念大學四十週年計劃要寫的一部中國中古韻書資料研究的書——廿韻比。廿韻比現在還不到發表的時候，照數上面敍述的才十九種，那''廿''數的來歷便與本文相關了。（三十七年加入一種重要材料，編號是''國三''：——

國三　　國立北平故宮博物院新印行原藏唐寫本王仁昫刋謬補缺切韻，完整不殘，葉子本）。

原來十韻彙編的''刋''與''德''的資料，在出版之後，我們都續有所獲，而我對於''刋''（卽''法六''）認爲是兩種韻書殘本的混和，所以直題''廿韻比''。（將來或許添進國三，還叫它''廿韻比''，却很自然的是二十起材料的意思了）。我們得到''刋''與''德''的資料都是展轉經過幾道手，而這些補充資料却從我們出國研究的學者親手迻錄帶回來，承他們好意借給我再錄副的。　我要謝謝昭通姜亮夫（寅清）先生，他惠然把在巴黎手寫的材料讓我由昆明帶到白沙；又要謝謝溆浦向覺明（達）先生，他懇切的爲我寫了一份從柏林鈔回來的材料副本；有了他們兩位的幫助，我才能有這篇東西寫出來。

我打算分目敘述：

甲　敦煌石室五代刋本韻書資料補

乙　（1）伯希和二〇一四韻書釋

（2）伯希和二〇一五韻書釋

（3）伯希和二〇一六韻書釋

（4）伯希和二〇一七韻書釋

（5）伯希和二〇一八韻書釋

丙　高昌出土韻書資料補

丁　（1）普魯士學士院 JIV k75 韻書殘片釋

（2）普魯士學士院 JIV 70+71 韻書殘片釋

（3）普魯士學士院 JII DIc 韻書殘片釋

甲　敦煌石室五代刋本韻書資料補

一　　下平韻首二十五行

（另　印）　見附錄一

二　　下平卅三宵卅四肴十三行

（另　印）　見附錄二

乙　（1）伯希和二〇一四韻書釋

昭通姜亮夫先生留學巴黎的時候，曾經在法國國家圖書館親自看過一遍我們所謂的“五代刋本韻書”的原件。　他著錄了許多敦煌石室藏書，寫成專文，先後在東北大學的學林和西南聯合大學的國文月刊上發表過。　其中韻書部分，他又有些比我們在國內間接傳鈔的更寶貴的材料，而本文甲目所補的兩段，都是十韻彙編失收的五代刻本，一是"卅一宣"一頁背面的，二是"卅五豪"一頁背面被紙糊蓋了的。 他在一注道："此在二〇一四號，凡七頁；此在卅一宣一頁之後，字體與卅一宣一頁相近"。 二注道："Pelliot 2014 卅五豪一頁後面被糊者"。（註一）

關於五代刻本韻書大體的推測，我在"唐宋兩系韻書體制之演變"一文說得明白。（註二） 我從書本形式上的比照，看出了是同一系統的許多板本。 後來寫十韻彙編序，（用"論切韻系的韻書"題目發表），根據一九三五年十一月倫敦中國藝術展覽伯希和選送敦煌古籍陳列的"大唐刊謬補闕切韻"和"切韻"兩種號碼啓示，才把這些材料上的編號仔細注意到，可是不十分正確。（註三） 二十六（一九三七）年三月二十日吾友周祖謨君正在南京國立中央研究院歷史語言研究所纂著廣韻校勘記，（註四） 對於這五代刋本曾經給我通信討論，他就伯希和箸錄的號碼分作三類：

屬二〇一六者	東冬韻，刻本配寫本，原件有小號(3)。 我歸在二〇一四，覆案應從周君。 二〇一六號，周君廣韻校勘記徵引資料有"唐切韻殘葉二〇一六"，寫本，存二十行，下文作釋。
屬二〇一五者	東冬鍾韻，原件有小號(3)。 此類下文作釋。
	齊佳皆灰韻，原件有小號(2)。
	盍洽狎葉怗韻，原件有小號(1)。 此件我看出有兩個號碼，二〇一五(1)上面還有個二〇一一(5)。
屬二〇一四者	魚虞韻，原件有小號(4)。
	仙宣蕭韻，原件有小號(3)。
	肴韻，原件有小號(5)。
	肴豪韻，原件有小號(8)。
	侵鹽韻，原件有小號(7)。

註一：巴黎國家圖書館還並沒有理會裱褙裏面埋沒了材料。

註二：北京大學國學季刊三卷一號，即"敦煌石室存殘五代刻本韻書跋"。

註三：國學季刊五卷一號。

註四：國立中央研究院歷史語言研究所專刊，商務印書館印行。

紙韻，原件有小號（9）。

旱緩潸產銑韻，原件有小號（2）。

職德韻，原件有小號（1）。

我們對伯希和的編號不能否認不是原書的情形，可也不能信任是絕對的事實。周君指出這二〇一四號原件（指我們所見的影片）有三點問題：

一　魚虞韻尾未照全，（4）號一紙。

二　旱韻前部未照全，（2）號一紙。

三　查未見有（6）號原件影片。

現在從姜先生注語“二〇一四號凡七頁”，把材料一檢查却有八頁。再看書中韻目數字，又有朱寫和刀刻兩種不同。

朱寫的有：虞韻、鹽韻、緩韻、潸韻、產韻、銑韻、德韻，（4）、（7）、（2）、（1）號；

刀刻的有：宣韻、豪韻，（3）、（8）號。

無從知道朱寫或刀刻的有：殘肴韻、和殘紙韻，（5）、（9）號。

而朱寫韻目數字的中間，再看上面有〇和無〇，可以分出兩樣來：

虞韻和德韻：數字上有〇。

鹽韻和緩韻，潸韻，產韻，銑韻：數字上無〇。

這至少我們應該知道二〇一四號刻本韻書原本當有四部，是兩種版子：一種韻目數字刻好的，一種不刻韻目數字的。

本文所補的材料，應該是韻目數字刻好的，我們也可以從（3）（8）兩號殘存的行數相印證。姜先生過錄傳流回國來，固然是補充了十韻彙編的內容，同時更啓發我們對於五代刋本韻書的認識。

第一，我們可以知道最初刻本韻書的體制是旋風葉兩面印字的。因此，仙宣韻（3）號實在是後一面，而本文甲一二十五行就是前一面，伯希和可巧把它裱褙在紙裏面去了！

第二，我們可以知道韻書系統裏下平韻目有這麼一種特別的：——

1，韻數連上平而下，即先韻作二十九；

2, 仙韻後有宣韻，三十一；

3, 鹽添韻中間有他韻隔開，當是蒸韻；

4, 登韻在咸銜韻前，而與蒸韻分開。（註五）

關於第二點的認識，我能斷言這種韻書——

（1） 不是陸法言切韻，因爲已經上平有二十八韻，比陸氏多了諄桓兩韻，所以上聲旱韻跟緩韻分開；下平多了宣戈兩韻，足成三十韻了；

（2） 也不是王仁昫刋謬補缺切韻，因爲敦煌本王韻與陸韻平聲韻數相同，並不連敘；入聲也與陸韻同是三十二韻，而且德韻是三十，不是三十四；即使如故宮本，（國二）平聲上下相連，數目却只五十四，還同陸韻一樣，入聲次第又另爲一系統。 十韻彙編拙序中已經指出倫敦藝展時候大公報一一六〇三號（二十四年十月六日）巴黎通訊所載二〇一四號名稱“大唐刋謬補闕切韻”，記者就當作王仁昫的撰本是不可信的。 現在我們更加肯定，這個刻本該是王仁昫以外的作者所寫定的“大唐刋謬補缺切韻”。（註六）

爲了說明這個觀點的理由，我們只要看韻中紐次排列的自然表現。 我們先把與德韻一頁板本相同的各韻一齊和所有認做陸韻王韻的做比較：

（一）魚韻

〔英二三〕	陸韻	魚初書居渠余胥疽鋤攄疎虛徐於豬臚諸除如且墟葅魼袽
〔法四〕	敦煌王韻	魚初書居渠余胥疽鋤攄疏虛邻篨豬臚諸………
〔法六〕	二〇一四	………………………………岨胥閭攎除豬袽初……鋤疎
〔國三〕	故宮完本王韻	魚初書居渠余胥疽鋤櫖疎虛徐於豬臚諸除如且墟葅魼袽

（二）虞韻

〔英三〕	陸韻	虞芻無亐訏劬儒䝙株貙銖逾區朱趨慺扶務敷諏跗紆輸樞廚拘毹
〔法四〕		………………………………貙朱趨慺扶雛敷諏跗紆輸樞廚拘毹
〔法六〕		虞劬拘區于訏紆…………

註五：這一點疑心是目錄上寫顚倒了，本文姑不據爲典實。 然而若與國二參看，就得有一番討論。

註六：按三十七年故宮博物院印行王仁昫刋謬補缺切韻（國三）平聲韻數上下却相連敘；但韻目全在卷一，與這種韻書分自廿九先在卷二又不相同；平聲韻數這種韻書共有五十八韻。

〔國三〕　虞娛無于訏畞儒鬚株貙殊逾區朱趨慺扶務敷諏跗紆輸樞廚拘毹

（三）侵韻

〔英三〕　……………………賃深淫沁愔祲………埜………

〔法四〕　…鱏霖琛抌忱……任…蟫…簪祲埐諶焮荃吟…黔…菳…簪……

〔法六〕　………………………………………………………………綝森訡鍼

〔國二〕故宮王韻　侵尋林琛斟沈碪諶任深淫心愔祲鮗誑琴欽歆金音森岑簪䕲吟覘

〔國三〕　侵尋林琛斟沉碪諶任深淫心愔祲鮗誑琴欽吟歆金音森岑簪㠺綝覘

（四）鹽韻

〔英三〕　鹽廉砭銛籤詹檐苫譫髯粘炎霑覘淹𢡟䉡尖潛箝懕燖

〔法四〕　瀸廉……占銛檐苫妗髯黏炎霑覘䉡尖潛黚懕𧃍妗

〔法六〕　鹽苫詹檐姑髯黏䛸夾廉䞼婜覘䉡砭籤尖晳燖纖炎淹

〔國二〕　鹽廉砭籤詹銛譫髯黏炎霑覘淹𢡟䉡尖潛箝懕燖檐苫妗

〔國三〕　鹽廉砭籤詹銛檐苫譫髯黏炎霑覘淹𢡟䉡尖潛箝厭

（五）旱韻與緩韻

〔英一〕陸韻　旱緩……窾饌…椀叛琯斷疃伴……誕坦亶嬾滿笴散瓚偘㷰

〔英三〕　旱緩短算欵饌纂椀㪵管斷疃伴卵滿但坦亶嬾笴散瓚罕侃㵄

〔法四〕　旱緩短算欵饌纂椀㪵管斷疃伴…滿但坦亶嬾笴散瓚罕偘攤

〔法六〕　………………嬾散瓚蹔潹

緩管𤀢款睆椀短𢇍斷饌卵算聊纂㪵伴滿

〔國三〕　旱緩短算欵饌纂椀㪵管斷疃伴卵滿但坦亶嬾笴散瓚罕偘攤

（六）潸韻

〔英〕　潸綰板醆赧僩睆阪轡戔莧齗

〔法四〕　……蝂醆赧僩…阪轡戔棧齗莧

〔法六〕　潸…僩憪睆綰醶阪板轡

〔國三〕　潸綰板醆赧僩睆阪轡戔棧齗莧眅

（七）產韻

〔英一〕　產限𩲡簡剗棧眼醆

〔英三〕　　產限䀇簡剗棧眼醆

〔法四〕　　…限䀇簡…棧眼醆

〔法六〕　　產鏟㟞醆簡眼狠限䀇閫

〔國三〕　　產限䀇簡剗棧眼醆㞣

(八)銑韻

〔英一〕　　銑琠典蠰䤄……

〔英三〕　　銑腆典蠰殄薾峴顯撚搷編泫辯吠犬

〔法四〕　　䥣腆…蠰殄薾峴…蹨搷編鉉辮…筅

〔法六〕　　銑䐩蠰……

〔國三〕　　銑腆典蠰殄薾峴顯撚搷編泫辯吠犬筅

(九)職韻

〔國二〕　　職直力勑陟食息寔識絶極劇匿測憶𩎟色殛弋即逼域洫堛稄㥶抑嶷

〔法六〕　　…………………………………………………………………………………稷愎嶷日堲

　　　　　嗇瀷抑屋燡

〔國三〕　　軄直力勑陟食息寔識絶極劇匿測憶𩎟色殛弋卽逼域洫堛㚖愎抑嶷堲

(十)德韻

〔法六〕　　德則勒忒刻特黑墨賊寒北菔……

〔國二〕　　德則勒忒刻特黑墨賊塞北菔或國餩劾

〔國三〕　　德則勒忒刻特黑墨賊塞北菔或國餩䘮

殘肴韻因為是與豪韻相重的兩本，我們可以歸入韻目數字刻印的類中，而本文甲二殘宵肴韻也就連帶解决了；甲一殘先仙韻與宣韻連帶為一類；所餘殘紙韻姑且歸在旱緩等上聲韻一類，比列如次：

(十一)紙韻

〔英三〕　　紙是靡彼被毀委跪詭髓累技倚掎綺蟻薳觜蘂此豸徙酏邐孋俾爾彌侈

　　　　　婢弛紫稚獮揣䌃輢破諀䃽忩跬䋼硊趍

〔法四〕　　𧶠…𧗿………………………………倚…㗊檥…䉔……褫…迆…𧴯…邇㳽侈

　　　　　……紫騷揣獮䌃批㩜…芔忩跬…㩜…趍褫摋䃕

〔法六〕　　枳是侈㒟䶂豕跬池邐褫搋狔此紫徙…………

〔國二〕　　紙是靡彼被毀委跪詭髓累技倚掎綺蟻蔿槃此豕紫徙酏邐躧俾爾弭婢

侈弛紫捶揣獮䶂批破諀葰惢跬狔硊頠趍褫搋䫲

〔國三〕　　紙是靡彼被毀委跪詭髓累技倚掎綺蟻蔿紫槃此豕徙酏邐躧俾爾弭婢

侈弛紫捶揣獮䶂輢破諀葰惢跬狔硊趍褫搋䫲批

我們很自然的看見英一英二英三法四的魚虞侵鹽旱緩潸產銑是一個系統，紐次同樣，（國三相同的多），而法六截然不同，國二跟兩方面又全不同；職德沒有英一英二英三法四的材料，而國二與法六可算同一系統，不過法六紐數比國二多；至於紙韻，國二却和英三法四同一系統，法六仍然是另一個系統。　國二內容是兩韻書合併起來，也叫"刋謬補缺切韻"，只是韻目次序自成系統，紐次除止尾誨(即隊)琰广(即儼)幾處特點，其餘全是陸氏系統。　國三似乎是介於國二法六之間同系統的書，就是法六近乎刋謬補缺切韻。

我們已經知道四種韻書，都叫"刋謬補缺切韻"。　一是法四，一是國二，一是國三，一是法六。　法四是伯希和二〇一一號唐寫本，題作王仁昫撰，比陸韻多兩韻，正文有十處刋正陸氏，分卷之首韻目下著錄陸氏以上各家韻類分合。　國二也是寫本，題王仁昫撰，又長孫訥言注，裴務齊正字，韻數同法四而韻次大異，刋正陸氏之處與法四大有出入，陸氏以上各家韻類分合只在平聲上冬脂眞臻四韻韻首著錄。國三與法四一樣，題王仁昫撰，寫本，刋正陸氏之處也與法四有出入，陸氏以上各家分合全紀錄了。　這法六伯希和二〇一四號的刻本，題名不明，韻數已是孫愐唐韻以後的系統，刋正之處無可查考。　我們在下文要說到的德五材料，可以印證法四是一種通行的韻書。　國二法六的淵源都是一個，而其表現不同，國三又顯見出些通行的痕跡，排比著看正可以把"刋""補"的主要變遷顯露出來：

法四	國三	國二	法六
韻數增加	略有增加	與法四同	更有增加
正文刋正	略有記錄	略有出入	不見記錄
韻類釐訂	全有記錄	部分記錄	不見記錄
韻次同陸	韻次不變	韻次變動	韻次出入

紐次重整

法六這種紐次排列是屬於那一家的韻書？我們從紐裏看到幾個特別的例：

(1) 侵韻裏有“呼音反”的“訡”紐和“虎音反”的“𩐨”紐。

(2) 旱韻裏有“于旱反”的“潫”紐。

(3) 產韻裏有“普視(？)反”的“闆”紐。

(4) 銑韻裏有“箵”紐，無反語。

(5) 職韻裏有“而職反”的“日”紐，“丁力反”的“䵺”紐，“昌力反”的“瀷”紐，“呼力反”的“屭”紐，和“弥力反”的“爅”紐。

拿廣韻對照，除了有“䵺”“瀷”兩紐反切相同，其餘廣韻都不收。再拿集韻對照，侵旱產銑各韻的例都未收，而職韻的例子就有——

日　而力切，太陽精也，李舟說，文三。

䵺　丁力切，毛少也，文二。

瀷　叱力切，水出大騩山，南入潁，一曰水潦，文二。

反觀法六日紐的注文是：

日　而職反，古音，太陽之精，又□□反，一。

我們可以假定二〇一四韻書與李舟有關係，而其內容特點是每韻紐次的有系統。這一點仔細考究起來，却也不自李舟始，容另申述。我們對於這一個“日”字的讀音問題，又需要做專題討論，本材料裏的又音字跡模糊不能確定，像“善葯反”又像“義葯反”，將來再解決。然而集韻引李舟說的地方凡七處，與二〇一四韻目數字朱寫的資料可以印證的只有這一條，其他就牽聯到韻目數字刀刻的部分了。（註七）集韻先韻“湔”字在“箋”紐，將先切，注云“艸皃，詩湔湔者莪，李舟說”。我們看英三不收，法四殘缺，唐韻也未收；姜氏抄本廿九先資料中第五行作“湔，草茂”，在“牋”紐“則□反”。國三廿七先同姜抄，“牋”紐“則前反”，即“箋”

註七：本文引用李舟韻資料兩條，其餘五條：一東肜“余中切，商又祭名，肜者相尋不絕意，孫炎說；李舟从肉”。五支腄“株垂切，說文瘢胝也；一曰馬及鳥脛上結骨，李舟說”。四十禡楕“居迓切，木參交以枝炊籅者，李舟說”。十七薛朳“必列切，無齒杷，李舟讀”；謁“乙列切，白也，李舟說”。又，四聲等子曾攝開口圖三等入聲職韻，列有“日”字，可注意。

紐。 這可惜也只有一條，不過我們可以從這一點旁證上有理由把二〇一四中間板本不同的韻書作爲一個系統看待。

二〇一四材料的韻目數字刀刻的部分是十韻彙編所收的殘仙宣蕭肴豪韻，和本文補錄的殘先仙宵肴韻。 我們首先依照上文排比紐次的辦法來證明這部分的系統和德韻那部分相同：

(一)先韻

〔英三〕 先前千牋天堅賢煙蓮田年顚牽妍眠蹁淵涓鋗邊玄

〔法四〕 ……………………………縴研眠蹁淵涓鋗邊玄

〔法六〕姜抄補 先千牋前天田顚年蓮祆賢妍俓牽邪鶣慲燕眠邊蹁淵焆玄

〔國三〕 先前千牋天祆堅賢烟蓮田年顚牽妍眠蹁淵涓鋗邊玄

(二)仙韻與宣韻

〔英三〕 仙錢遷煎然延饘甄邅潺羶脠鋋綖嗎連篇便緜全宣鐫翾壖穿沿旋娟船鞭涎詮專遄員悛栓鐉乹愆權椽攣勬卷焉辿嬽祵

〔法四〕 仙錢遷煎然延饘甄邅潺羶脠鋋纏嗎連篇便綿全宣鐫翾壖穿沿旋娟船鞭涎詮專遄員栓悛鐉乹愆權椽攣勬巻嬽跧辿褑嫙

〔法六〕姜抄補 鮮錢……燃………

十韻彙編 ……………延次連埋甄篇便鞭綿嶌嗎孱愆乹 以上仙韻

宣全詮鐫旋悛鐉椽櫨攣勬巻權翾員娟緣川舩專遄壖燀跧辿 以上宣韻

〔國三〕 （同法四，但少末三紐。）

(三)蕭韻

（十韻彙編只有一紐，故不排比。）

(四)宵韻

〔英三〕 宵超朝鼂囂蕘驕焦饒燒遙韶昭飈鑣瓢蜱苗腰鴞喬蓌妖蹻怊漂趙燎 按趙當是翹字

〔法四〕 銷……潮囂蕘驕……

〔法六〕姜抄補 ……………………………瀌瓢蚪翹腰藹喬驕繑鴞苗囂

〔國三〕 （同英三，末多一紐“趫”。）

(五)肴韻

〔英三〕　　肴交巢鐃梢茅虪包胞敲聱轈嘲讒庖顟麷

〔法四〕　　…筊巢巐梢…虪包胞敲謷轈嘲讒庖顟麷

〔法六〕姜抄補　　肴虪筲交…

十韻彙編　　…………敲鐃嘲颮巢譟轈梢茅包胞庖

〔國二〕　　……………………聱轈謿讒庖顟麷

〔國三〕　　（同英三，但少末一紐。）

(六)豪韻

〔英三〕　　豪高勞蒿毛饕刀騷袍褒陶糟敖膔曹猱尻操

〔法四〕　　豪高勞蒿毛饕刀騷袍褒陶糟敖爊曹猱尻操橐

〔法六〕十韻彙編　　豪蒿高尻敖叨……

〔國二〕　　豪高勞蒿毛饕刀騷袍褒陶糟敖曹膔猱尻操橐

〔國三〕　　（同英三）。

這幾韻的情形，法六完全自成系統，英三法四幾乎相同，並且國二國三也沒有分別；於是我們可以把幾部重要韻書關係表現得十分明白：

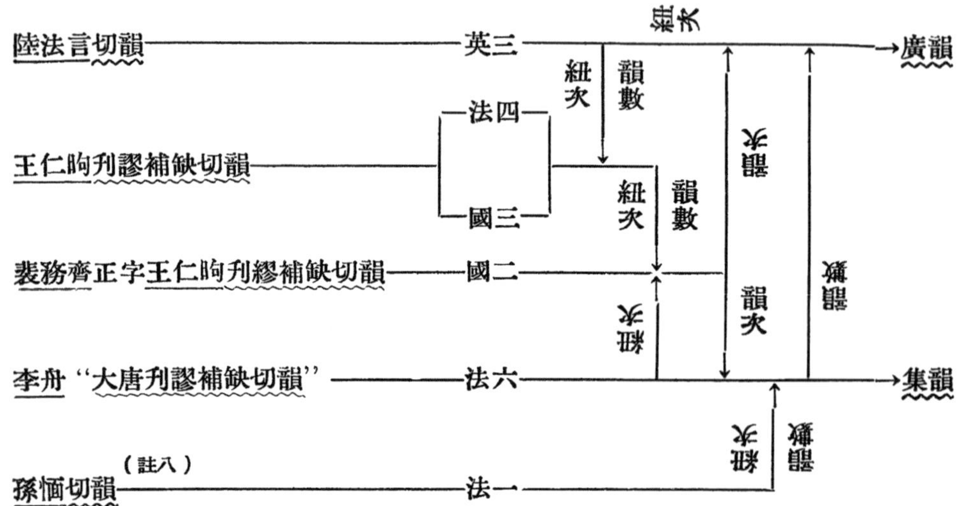

李舟切韻之書，今日可考的痕跡，就是徐鉉說文解字篆韻譜所表現的韻數和韻次。王國維已經根據了做過李舟切韻考。他指明兩件事，也成了大家承認的結論，不過我第一次寫五代刋本韻書跋的時候，對於他的話略有補正。 他說："李舟於韻學上有大功二：一使各部皆以聲類相從；二四聲之次相配不紊'。 我們若以篆韻譜爲李舟韻次的脫胎，除了韻目用字爲徐鉉改取說文字以外，大致王氏的原則可以成立。 現在得到後加的五代刋本二〇一四的大唐刋謬補缺切韻，其中有"日""薄"兩字與集韻記李舟說相合，又有宣韻的分立與篆韻譜相同，於是我們可以多得到幾分對李舟韻書著作的認識：

(1) 李舟切韻可能也叫做"大唐刋謬補缺切韻"。

(2) 李舟韻部中間有宣韻。

(3) 李舟韻次入聲與陽聲的平上去不完全對照，因爲姜抄下平卷首韻書次叙與十韻彙編所收入聲職德韻數次並不相符。

(4) 李舟韻中紐次有一種音理上的系統，但此點當是承受前人的。(註八)

(5) 李舟韻書與集韻關係較近。(註八)

王氏"四聲之次相配不紊"的說法，從(3)看來就成了問題。 我們試依姜抄下平韻目編排平入兩類韻次，用王說當是：

上平與入：

下平與入：

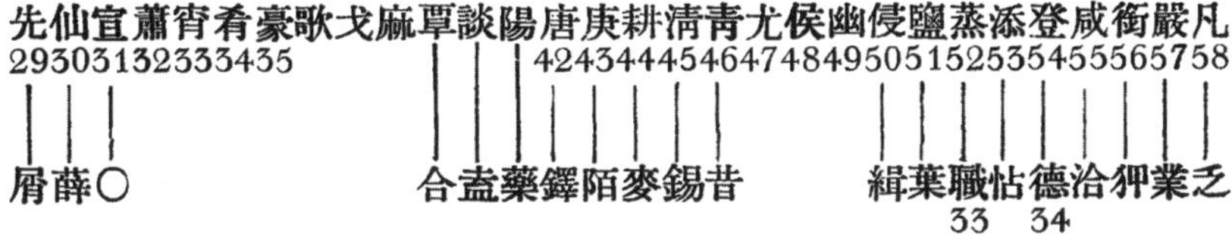

我們把得到的材料韻次數字註出，職德韻次明明不合；如果入聲次第不按照王氏說，用英三法四的系統排列，從仙韻入聲薛以下該作：

註八：法一有孫愐唐韻序，紐次與本資料同系統，題作"切韻"，伯希和號數二〇一六，所以說李舟有承受並且與集韻關係接近，下文詳論。

錫昔麥陌合盍洽狎葉怗緝藥鐸職德業乏
33343132

職德韻次就正與業乏相錯，我曾經指明這一種韻次有韻鏡和日本昌住撰集的字鏡所引的切韻可以印證。韻鏡無從看平入對照問題，字鏡所引情形略可見：——（註九）

（1）平聲覃談在麻與陽之間，上去大致相同。

（2）平聲蒸登在最末，上去相同。

（3）入聲似乎是錫昔麥陌合盍葉怗洽狎緝藥鐸業乏職德。

依王國維說，廣韻韻叙就是李舟的系統，從此也有問題。我們知道了法四比英三加多了兩韻，國二改變了韻次，法六比英三更加多韻數而且改變韻次，與國二不同，然後爲廣韻集韻的宋代系統；——法四國三承接英三同爲隋代系統，國二與法六各爲唐代系統。

根據上節所述，我在十六年前發表的"陸法言切韻以前的幾種韻書"一文，需要把隨王國維學說的地方加以修正。最主要的就是廣韻系統不能直說爲李舟切韻，英三韻叙不能直說爲陸法言切韻。最後我假定一種說法：

（1）對照唐代陽或入聲排列的韻次當有其一爲陸法言系統，一九三韻。（註十）

（2）唐代陽入不相對照的韻次爲長孫訥言王仁昫系統，一九三韻。（註十）

（3）唐代陽入重開始對照的韻次爲王仁昫裴務齊系統，一九五韻。（註十）

（4）唐代陽入不相對照，韻數加多的爲李舟系統，二〇七（或八、九）韻。（註十）

（5）根據李舟韻數，減少宣韻一類，陽入韻完全相對的爲邱雍以下宋代系統二〇六韻：廣韻集韻的由來。（註十）

（6）紐次是（1）（2）爲一系統，（4）爲一系統，（3）是（1）（2）（4）的混和，（5）的廣韻屬於（1）（2），集韻屬於（4）。

乙（2）伯希和二〇一五韻書釋

伯希和二〇一四韻書，我們已經找出與李舟系統相關的痕跡，進一步從同樣的觀

註九：字鏡北京大學曾有影印本傳流。

註十：綜合排列，成韻目總表：

點和方法，可以決定二〇一五韻書不過是被伯氏分編了號，也應該屬於一個系統的。

首先，我們也看到韻目數字有"寫'和"刻"的不同：

刻的　　東冬鍾韻(3)，和齊佳皆灰韻(2)；

寫的　　盍洽狎葉怗韻(1)。

這裏，刻數字的應該是兩個本子，東冬鍾韻一本上有朱筆點子，齊佳皆灰韻一本上無朱筆點子。　朱寫數字的盍洽狎葉怗韻一本，和二〇一四職德韻一本應該是一處的。

其次，我們也看到紐次的特點，用廣韻和集韻兩個標準排比出來，與二〇一四的現象竟幾乎全同：

(一)東韻

〔廣韻〕　東同中蟲終忡崇嵩戎弓融雄瞢穹窮馮風豐充隆空公蒙籠洪叢翁怱通葼蓬烘㟅檧

陸甲 對唐入敘	陸乙 對唐平敘	長孫・王	王・裴	李	廣	集
東董送屋	東董送屋	東董送屋	東董凍屋	東董送屋	東董送屋	東董送屋
冬　宋沃	冬　宋沃	冬　宋沃	冬　宋沃	冬　宋沃	冬　宋沃	冬　宋洪
鍾腫用燭	鍾腫用燭	鍾腫用燭	鍾腫種燭	鍾腫用燭	鍾腫用燭	鍾腫用燭
江講絳覺	江講絳覺	江講絳覺	江講絳覺	江講絳覺	江講絳覺	江講絳覺
支紙寘	支紙寘	支紙寘	陽養漾藥	藥	支紙寘	支紙寘
脂旨至	脂旨至	脂旨至	唐蕩宕鐸	鐸	脂旨至	脂旨至
之止志	之止志	之止志	支紙寘	支紙寘	之止志	之止志
微尾未	微尾未	微尾未	脂旨至	脂旨至	微尾未	微尾未
魚語御	魚語御	魚語御	之止志	之止志	魚語御	魚語御
虞麌遇	虞麌遇	虞麌遇	微尾未	微尾未	虞麌遇	虞噳遇
模姥暮	模姥暮	模姥暮	魚語御	魚語御	模姥暮	模姥莫
泰	泰	泰	虞麌遇	虞麌遇	齊薺霽	齊薺霽
齊薺霽	齊薺霽	齊薺霽	模姥暮	模姥暮	祭	祭
祭	祭	祭	齊薺霽	齊薺霽	泰	太

〔法六〕二〇二五 ………………………………………………………………嵸…瞢
豐馮風濛

〔集韻〕 東通同籠蓬蒙樬怱㚇叢洪炡空公翁㟯夆豐風馮瞢嵩充終戎崇中忡蟲
隆融雄弓穹豰竆痋䧺釭

（二）冬韻

〔廣韻〕 冬彤賨農攻硿警宗鬆炵

〔法六〕 冬彤農宗賨䶑恭㤮蜙樅夅警

〔集韻〕 冬炵彤警農鬆宗賨硿攻沇硿

（三）鍾韻

〔廣韻〕 鍾龍舂松衝容封胷顒邕醲重從蹱逢峯縱茸蛩鱅恭蜙樅銎

〔法六〕 鍾衝鱅茸…………

〔集韻〕 鍾舂衝鱅茸蜙樅松从丰封逢夅蹱重龍醲容銎恭匈邕顒蛩蠭犛

（四）齊韻

〔廣韻〕 齊黎妻低嗁磇雞奚鷖倪醓西梯鼙磇齎迷泥谿圭睽攜觿移烓睳

〔法六〕 ………………鞞梯泥鷖奚醓倪雞谿觿移鼙磇枇迷圭睽攜烓鍦袛䪼

〔集韻〕 齊西妻齎移腝氐梯題泥黎雞谿醓兮倪觀圭睽睳攜烓磇攙鼙迷隄眭

佳蟹卦	佳蟹卦	佳蟹卦	祭	祭	佳蟹卦	佳蟹卦
皆駭怪	皆駭怪	皆駭怪	泰	泰	皆駭怪	皆駭怪
夬	夬	夬	皆駭界	佳蟹卦	夬	夬
灰賄隊	灰賄隊	灰賄隊	夬	皆駭怪	灰賄隊	灰賄隊
咍海代	咍海代	咍海代	廢	夬	咍海代	咍海代
廢	廢	廢	灰賄誨	灰賄隊	廢	廢
眞軫震質	眞軫震質	眞軫震質	臺待代	咍海代	眞軫震質	眞軫震質
文吻問物	臻	臻	眞軫震質	廢	諄準稕術	諄準稕術
臻　櫛	文吻問物	文吻問物	臻　櫛	眞軫震質	臻　櫛	臻　櫛

(五)佳韻

〔廣韻〕　佳㥮牌媧蛙咼柴釵嬭羪崖娃崽詧扠膭䶕

〔法六〕　佳崖娃膎㰳釵崽柴牌膭扠咼媧羪嬭蛙䶕

〔集韻〕　佳膎詧厓娃媧咼哇詬牌䶕膭崽釵柴扠羪攎䔒䠥

(六)皆韻

〔廣韻〕　皆諧排乖懷匯豺差尯𪎭埋齋崴䜹唻揩㨻崽㟴搋俙膎腽

〔法六〕　皆諧俙㨻豺差齋排䪙埋懷崴𦬸匯尯偕楷

〔集韻〕　皆揩俙攙諧㟴𣏾匯尯崴懷崽差齋豺排𥡝䜹搋㨻𪎭膎䪙腽唲𪋻䃶䔋唻

𥡆黧𡣬𤝩

(七)灰韻

〔廣韻〕　灰恢隈回枚傀雷崔積磓膗摧裴梧肧鮠𨍭𧜩嗺

〔法六〕　灰迴恢⋯⋯⋯,⋯⋯⋯⋯⋯⋯

〔集韻〕　灰恢隈回鮠塠𨍭積𧜩雷膗崔嗺摧梧肧裴枚

(八)咍韻

〔廣韻〕　咍𪊨皶榪欵䖭䠂儓僁䖟顊榼鰪㗘砝譪

殷隱㶣迄	櫛	櫛	文吻問物	諄準稕術	文吻問物	文吻問勿
元阮願月	殷隱㶣迄	殷隱㶣迄	斤謹靳訖	臻　櫛	殷隱㶣迄	欣隱㶣迄
魂混慁沒	元阮願月	元阮願月	登等磴德	文吻問物	元阮願月	元阮願月
痕佷恨	魂混慁沒	魂混慁沒	寒旱翰褐	殷隱㶣迄	魂混慁沒	魂混慁沒
寒旱翰末	痕佷恨	痕佷恨	黠	元阮願月	痕很恨	痕很恨
刪潸諫黠	寒旱翰末	寒旱翰末	魂混慁紇	魂混慁沒	寒旱翰曷	寒旱翰曷
山產襉鎋	刪潸諫黠	刪潸諫黠	痕佷恨	痕很恨	桓緩換末	桓緩換末
先銑霰屑	山產襉鎋	山產襉鎋	先銑霰屑	寒旱翰曷	刪潸諫黠	刪潸諫黠
仙獮線薛	先銑霰屑	先銑霰屑	仙獮線薛	桓緩換末	山產襉鎋	山產襉𨃖
蕭篠嘯	仙獮線薛	仙獮線末	刪潸訕	刪潸諫黠	先銑霰屑	先銑霰屑
宵小笑	蕭篠嘯	蕭篠嘯	山產襉鎋	山產襉鎋	仙獮線薛	僊獮線薛

〔法六〕　…卅𤯀𡁥榼𩸬𡅥㒒𩃋……

〔集韻〕　盍㰻榼砝顔𩸬𡃏𠉓𡅥𠉫譫𥀎榻蹋臘魶

(九)葉韻

〔廣韻〕　葉接攝涉獵捷䈉敏聶諮讘讋妾鍤衱輒曄痜𨖼緈魘

〔法六〕　菜棱攝涉獵揵𨻻敏聶諮讘讋妾鍤极輙曄㡇篴𧆾緈壓偞𨻻𦅸

〔集韻〕　葉魘曄㾊緈极敏妾接𨖼攝歐𦧲諮讋涉讘輒䈉鍤𧎥聶抾𡪷偞㛸鵖㚤徙

(十)怗韻

〔廣韻〕　怗協㥦䈉苶燮甄聑䕅浹𥒀𨖼

〔法六〕　怗協……………

〔集韻〕　怗聑䈉甄捻劦頰𠥩𡚸燮浹䕅䆘浥挾蛺

(十一)洽韻

肴巧效	宵小笑	霄小笑	元阮願月	先銑銑屑	蕭篠嘯	蕭篠嘯
豪皓號	肴巧效	肴巧效	蕭篠嘯	仙獮線薛	宵小笑	宵小笑
歌哿箇	豪皓號	豪皓號	宵小笑	宣〔選〕　〔雪〕	肴巧效	爻巧效
麻馬禡	歌哿箇	歌哿箇	肴絞教	蕭篠嘯	豪皓號	豪皓號
青迥徑錫	麻馬禡	麻馬禡	豪皓號	宵小笑	歌哿箇	歌哿箇
清靜勁昔	覃感勘合	覃感勘	庚梗更隔	肴巧效	戈果過	戈果過
耕耿諍麥	談敢闞盍	談敢闞	耕耿諍	豪皓號	麻馬禡	麻馬禡
庚梗敬陌	陽養漾藥	陽養漾	清請凊	歌哿箇	陽養漾藥	陽養漾藥
尤有宥	唐蕩宕鐸	唐蕩宕	冥茗暝覓	戈果過	唐蕩宕鐸	唐蕩宕鐸
侯厚候	庚梗敬陌	庚梗敬	歌哿箇	麻馬禡	庚梗敬陌	庚梗映陌
幽黝幼	耕耿諍麥	耕耿諍	佳解懈	覃感勘	耕耿諍麥	耕耿諍麥
覃感勘合	清靜勁昔	清靜勁	麻馬禡	談敢闞	清靜勁昔	清靜勁昝
談敢闞盍	青迥徑錫	青迥徑錫	侵寢沁緝	陽養漾	青迥徑錫	青迥徑錫
咸豏陷洽	尤有宥	昔	蒸拯證職	唐蕩宕	蒸拯證職	蒸抍證職
銜檻鑑狎	侯厚候	麥	尤有宥	庚梗敬	登等嶝德	登等隥德

〔廣韻〕　洽恰𡍮夾眨插図䶝霎箚𨁟㽄凮

〔法六〕　洽恰夾𥳧眨𢲭䶝囚霎箚𨁟㽄㵫

〔集韻〕　洽䶝恰夾𨁟㽄𣀣臿眨𨏃箚凮図䇓諜𣰆

(十二)狎韻

〔廣韻〕　狎𤁇鴨翣呷

〔法六〕　狎𤁇甲鴨𢍰翣呷渫䏷𦜾浹

〔集韻〕　狎甲押呷翣霅霅挾

鹽琰豔葉	幽黝幼	陌	侯厚候	耕耿諍	尤有宥	尤有宥
添忝㮇怗	侵寑沁緝	尤有宥	幽黝幼	清靜勁	侯厚候	侯厚候
侵寑沁緝	鹽琰豔葉	侯厚候	鹽琰豔葉	青迥徑錫	幽黝幼	幽黝幼
陽養漾藥	添忝㮇怗	幽黝幼	添忝㮇怗	昔	侵寑沁緝	侵寑沁緝
唐蕩宕鐸	蒸拯證職	侵寑沁	覃禫醰沓	麥	覃感勘合	覃感勘合
蒸拯證職	登等嶝德	合	談淡闞蹋	陌	談敢闞盍	談敢闞盍
登等嶝德	咸豏陷洽	盍	咸減陷洽	尤有宥	鹽琰豔葉	鹽琰豔葉
嚴　業	銜檻鑑狎	洽	銜檻覽狎	侯厚候	添忝㮇怗	沾忝㮇帖
凡范梵乏	嚴　業	狎	格	幽黝幼	咸豏陷洽	嚴儼驗業
	凡范梵乏	鹽琰豔葉	昔	侵寑沁	銜檻鑑狎	咸豏陷洽
		添忝㮇怗	嚴广嚴業	合	嚴儼釅業	銜檻覽狎
		緝	凡范梵乏	盍	凡范梵乏	凡范梵乏
		藥		鹽琰豔葉		
		鐸		〔蒸拯證〕		
		蒸拯證職		添忝㮇怗		
		登等嶝德		登等嶝		
		咸豏陷		咸豏陷洽		
		銜檻鑑		銜檻鑑狎		
		嚴广嚴業		緝		

從紐次的情形，我們有理由可以把這兩本刻韻數和寫韻數的材料歸併起來，只是韻次的一點需要更圓滿的解釋。

最後，我們從這十一個韻目的數次上，與前一節李舟韻目有了小差異，應該說明。我排列的李舟韻目根據姜氏資料與字鏡引切韻，把入聲中間葉怗洽狎次序改動了，現在二〇一五的入聲却是洽狎葉怗。這現象正在我假定陸法言切韻目次應該是對照唐代陽聲或入聲的一種系統理論上表現出來了。我們覺得韻書目次經過許多次的改動，才成功廣韻集韻的四聲一貫（陽入相配）的系統。二〇一四說是李舟的系統，主要證據在職韻日紐，從集韻裏對照得到的。集韻一書分十卷，還有李舟切韻遺意；韻例中說：

“……近世小學寖廢，六書亡缺，臨文用字，不給所求。隋陸法言，唐李舟孫愐，各加裒撰，以裨其闕。……

這隱約可考集韻撰集的主要依據。如果這個看法沒有錯，我們還更有理由考慮一下李舟韻與孫愐韻的關係了。我在“唐宋兩系韻書體制之演變”的討論中間曾經說及五代刋本是“李舟切韻成書以前，孫愐唐韻行世以來，與法言舊韻並時流行之韻書”。那時候從王國維說，把李舟切韻當做與廣韻相同，現在已經明白是不對的了，所以簡直認做是李舟承襲孫愐唐韻的系統才講得通。我們知道真諄寒桓歌戈之分起於孫愐，現在這入聲次第裏的洽狎葉怗還是孫韻的痕跡，自可與姜補資料以及字鏡所引的排列不衝突。我們於是能具體說出下列幾件事來：

（1）“職德”在末了是李舟的特點；

（2）“蒸登”次序在變動中也是李舟的特點；

		凡范梵乏		嚴儼釅業 凡范梵乏 職 德		

李舟韻蒸韻次第據二〇一四補鈔材料；宜選雪據伯希和五五三一，另文討論。

(3) "仙"後列"宣"是李舟的特點，還有可能上聲列"選"，入聲列"雪"，另有論列；

(4) 陽入韻次，李舟並未一貫；

(5) 李舟承襲了孫愐開合韻分開的系統；

(6) 紐次排列有系統，李舟也是承襲孫愐，但入聲韻除外；

(7) 廣韻集韻韻次另有一次改編，集韻韻次全合音理，與李舟相關；

(8) 從徐鉉說文篆韻譜說，知道李舟切韻對於說文殊有補益；

(9) 二〇一四，二〇一五都屬李舟刋謬補缺切韻系統，而上承唐韻，下啓集韻，詳二〇一六韻書釋中；

(10)李舟承啓於唐宋兩系韻書之間，與七音略，韻鏡，字鏡所據之韻書相印合。

——以上三十四年寫於四川白沙，三十七年修訂於北平——

乙 (3) 伯希和二〇一六韻書釋

二〇一六韻書有(a)刻本配寫本的東(刻)冬(寫)韻和(b)寫本殘東韻兩種，被伯希和分在兩處。 前者我編做法六，後者編做法一。 十韻彙編只有法六部分，法一部分是周祖謨君撰廣韻校勘記時候所得的；(案周君書由商務印書館印行，中央研究院歷史語言研究所專刊之一，材料已經運用在裏面，)我現在把它做附錄三，印在這篇文章後面，却不願做五代刋本的資料補。 三十七年五月回北平，承他又給我看到伯希和四七四七刻本韻書殘東韻，却應該是法六的一部分，大約原本破碎散開了，伯希和給另外編號了，我們直到現在才給它復原。(註十一) 本文裏就把四七四七併入了二〇一六。

伯希和也許覺得法六以刻本爲主，法一以寫本爲主，而四七四七又是一點兒碎的刻本，所以完全分在三起。 四七四七的併入二〇一六(3)以及二〇一六寫本刻本相

註十一：四七四七號刻本韻書存十二行，約十五組，六十餘字，見附錄四。

接，好像研究甲骨文字的人做“契合編”的情形一樣。 我們只須用紐次排比的情形做個證明：

二〇一六寫本　　東同通籠……

二〇一六(3)刻本　　………籠空公洪烘翁楤蘘㕵忩…蒙篷逢…弓………慈充狨…忠…………崇瞢豐馮風檬

四七四七刻本　　…………………………………饛筝□雄弓穹窮斛終…戎融…蟲蟲隆蝛………………

我們有理由說，當初這部書卷首刻印的一二三三板因爲使用破損了，所以就鈔補起來。 這固然太湊巧，但也眞是巧極了！(註十二) 二〇一六(3)與二〇一五(3)又正相合，而表現出是重複的幾個本子來，使得我們認識：

註十二：周祖謨君最近發表五代刻本切韻之韻目。在申報文史週刊二十三期，大約因爲是寫本沒有提及這一個號頭，好像他已經忘了二十六年我們的通信。 經過十年流亡，原信我帶在身邊，幸而沒有散失，特地節錄以備參考，並做紀念：

“關於五代刻本韻書十六葉，誠難明瞭；生以先生所見，已極近眞。 尤以季刊一文論點精到。 今就來示，略呈陋見。

總觀影片可知者六事：

一就伯希和籌錄之號數看，凡三類：（各舉韻目）

屬 2016 者：(3) 原片號數 東冬抄刻合配一紙

屬 2015 者：(1) 盍洽狎葉怗　(2) 齊佳皆灰　(3)(5？) 東冬鍾刻本

屬 2014 者：(1) 職德　(2) 旱緩潸產銑　(3) 仙宣蕭　(4) 魚虞　(5) 肴　(7) 侵鹽　(8) 肴豪　(9) 紙

二此十六片尚不完備，一看可知者約有數端：

a 抄本二冬一紙尾不全　　b 刻本大字東冬鍾一紙尾不全

c 虞韻一紙尾未照全　　d 緩韻前旱韻字未照全

e 2014 一類中 No. 6 未見

三此諸影片最少爲八本殘葉所集，曰

1 唐寫本韻書（唐韻之類）即“公”字注（見二〇一六(3)葉中）及“通”字注（見二〇一四(4)魚虞葉中）之韻書；（又案此公字之注決非本書者，因“公”注已見本葉第五行。 此行注云云與廣韻相合，殆唐韻之遺。 魚虞葉中有“達巷也…通…通”殘字，亦寫本。）

2 抄本本書（東冬一部分寫本，與刻本大字東冬鍾同）；

(1) 這種有孫愐唐韻序的韻書，也題名“切韻”；

(2) 有唐韻序的切韻紐次與二〇一四，二〇一五韻書同一系統；

(3) 這種紐次不與陸法言系統相同的切韻該是風行一時的新訂本；

(4) 從二〇一四，二〇一五兩種材料新得的解釋，覺得可能是李舟切韻的材料；

(5) 從二〇一四(1)題“大唐刋謬補缺切韻”說，該是孫愐李舟裴務齊各家和王仁昫都用“刋謬補缺”的名目。

除了紐次，我們看姜氏補鈔的下平韻首排列韻目的情形，跟這寫本的上平聲的韻

---

3 小字刻本（一）：肴韻一葉；

4 小字刻本（二）：肴豪一葉——此與3爲一版；

5 小字刻本（三）：仙宣一葉；

6 大字刻本職德，盍洽狎葉怗；

7 大字刻本東冬鍾，齊佳皆灰；

8 小字刻本（四）：東，魚虞。

四就韻目爲刀刻或朱寫，可分四類：（已詳尊著）

1 小字本朱寫者：旱緩，侵鹽；　　2 小字本刀刻者：仙宣，肴豪；

3 大字本寫者：盍洽狎，職德；　　4 大字本刻者：齊佳，東冬鍾；

（不明者：刻本小字東韻之一部，虞（看不明），紙。）

五論寫本有二：（一）本書東，冬；（二）公，通注所在之一種韻書。

六論刻本有六：（亦詳尊著）

1 職德，盍洽，第一種大字本韻目朱寫（每全葉三十四行）；

2 東冬，齊灰，第二種大字本韻目刻者（每全葉三十五行）；

3 仙宣，小字本韻目刻者（每行二十八九字）；

4 東（一部分），虞，小字本韻目刻者（每行二十三四字）；

5 “紙”，鹽，緩，小字本韻目寫者（每行二十六七字）；

6 肴豪，小字本韻目刻者（每行二十六七字）。

不過如此而已。　先生所示“不見標號者皆分段攝影之故”甚是。　蕭韻紙尾所缺非版心亦已查明：依希可見者乃“葪”字及注“舞葪”之殘餘。　如是，刻此書之時代，不見原本，幾無法以定矣。　又東冬抄刻合配一葉葉中，生所以認爲2016 (3) 者，由2014已有 No. 3（即仙宣一影）觸悟而得。　復經先生與前抄二〇一六寫本“切韻”相配，（如拼甲骨然！）竟使珠連璧合，眞奇蹟也。　生自配之亦如是。　不禁狂喜！（其次蓋爲東侗童通“籠”（推定者加“ ”。）“空”“公”“洪”烘翁檧蘱嵏忿蒙篷蓬“弓”“穹”“窮”“終”“充”“戎”“中”“忠”“蟲”“雄（？）”“熊（？）”“隆”“嵩”“崇”嘗豐馮風檬（增加字？））東韻紐次盡知，只不知何處有此眞書在，得再一寀覈也？”

首是一種欵式。 上下平韻目叙數相連接，又跟宋時魏鶴山所記唐韻情形相同。 這樣，二〇一六既有唐韻序，韻目叙數又跟魏鶴山記述的相同，二〇一四補鈔來的資料排列韻目的方式並且也相同，二〇一四（二〇一五同）便可能是唐韻。 我們仍然用前面對二〇一四，二〇一五兩號韻書解釋中間認爲是李舟切韻系統的說法，加上這一號唐韻序，似乎才更自然的講通題名"切韻"的理由。 這正是有韻書以來的一種慣例：凡是後來作者根據前人著述再加修撰，不是把前人的序文錄在自己序文後面，就是錄在前面；否則自己不做新序文而只拿前人的序文擺在書裏，如英二有陸法言長孫訥言兩序，國二有王仁昫長孫訥言兩序，國三有王仁昫陸法言兩序，大中祥符本廣韻有宋牒以及陸法言長孫訥言郭知玄孫愐四序。 我們如果說李舟自己的切韻不做序文，而錄了孫愐唐韻序，是很不費解釋的。

拿二〇一五(3)第"三板"逆著向前數行數，到"二冬"一行，凡十五行；接著拿二〇一六(3)數，到"舡"字行，一共三十四行，正是一全板的行數。 二〇一六(3)寫配的第"二板"逆著向前數，到"蘢"字行，一共八行。 寫本二〇一六"櫳"字行起向前數，共存二十行，跟"蘢"字行姑且作爲重叠接上兩行，就是第二板前部約缺八行。 這韻書寫本每行約有三十字，試從唐韻序"必具言之"向上數去，扣足三十字到"及九經三史"的"及"字滿一行，約到"蓋取周易周禮之義也"的"易"字該就够一板的行數。 我們固然不能胡亂說第一板有些什麼，但可以估計唐韻序還要有八行到十行的篇幅，其餘剩下可以有二十四行上下的地位。 這二十四行的內容，用不著我們塡滿，上面所說的現存韻書各種序文情形都有可能，却並不足以否認這韻書與李舟有關。 我們因此多加幾分認識：

(1) 二〇一六寫本唐韻序尾的部分應是混在五代刻本裏的二〇一六(3)的原件分散開了的。

(2) 這"切韻"可能就是李舟的，卷首把唐韻序錄在裏面，許還錄了別家的序文，至少也有四種可能：

(1) 陸法言序　長孫訥言序　——如英二

(2) 王仁昫序　陸法言序　——如國三

(3) 王仁昫序　長孫訥言序　——如國二

(4) 陸法言序　長孫訥言序　郭知玄題記　——如祥符廣韻

(3) 因爲國二題名"裴務齊正字"而並沒有裴序，只錄了王仁昫和長孫訥言的序，我們可以明白有些作者歡喜"述而不作"，只把自己據本的材料擺著。所以廣韻敘錄就是彙合陸孫兩家的大混和，二〇一六也許就是開端，假設它是李舟撰本的材料，沒有什麼不合理。

(4) 日本見在書目著錄十六家切韻，是陸法言，王仁昫，釋弘演，麻杲（果？），孫愐，孫伷，長孫訥言，祝尚丘，王在蓺（存乂？），裴務齊，陳道固，沙門清澈，盧自始，蔣魴，郭知玄，韓知十爲叙。廣韻敘錄陸法言撰本長孫訥言箋注到郭知玄朱箋是一個系統，正與見在書目知玄在後面的排列相關，孫愐唐韻序自是另一系統。廣韻敘錄比見在書目少弘演，麻杲，孫伷，王在蓺，清澈，盧自始，蔣魴，韓知十八家，而又另多出關亮，薛峋，嚴寶文三家，與見在書目同樣不見李舟的名字。我們說廣韻資料，一方面到郭知玄，一方面到李舟，未嘗不可以，就因爲李舟書不撰序，看不出痕跡了。

(5) 二〇一六與二〇一四，二〇一五，根據上文可以當做一個系統的材料，所有紐次現象已經討論過，我們更從紐數以及紐中收字數目，約略看出它是上承唐韻，下啓集韻。（註十三）

註十三：　今取完全的八韻紐數與廣韻集韻對比：

	冬	佳	皆	緩	產	洽	狎
二〇一四至二〇一六	12	17	17	17	10	13	11
廣韻	10	17	23	17	10	13	5
集韻	12	21	33	30	13	16	8

凡廣韻多與本書紐數相近，是我所謂"上承唐韻"的意思；集韻多比本書紐數加多，便是"下啓集韻"的意思。紐中收字數目情形：1二〇一六，2廣韻，3集韻。

冬韻　冬彤農宗賨鬛恭㤝蜙樅夆譽攻煢淙𥠞（紐次依1，不細分，下同。）

1　5 22 10 2 12 2 10 2 8 12 5 2 × × × ×

2　7 22 12 2 11 × × × 2 × 4 3 2 1 × 4

3　9 33 20 4 13 × × × 3 × 7 6 3 3 1 1

佳韻　佳崖娃膎謍釵崽柴牌膭扠咼媧㹆矲蛙䚷哇搋䰨䃶

1　2 5 5 6 2 4 4 7 6 2 2 5 7 2 2 1 1 × × × ×

2　2 7 5 8 2 9 3 8 7 2 1 6 7 3 4 2 1 × × × ×

3　2 18 11 11 4 17 6 13 15 6 2 13 11 4 4 9 × 1 1 1 2

(6) 集韻韻例說：

"凡字訓悉本許愼說文，愼所不載，則引它書爲解。"

"凡姓望之出，舊皆廣陳名系，既乖字訓，復類譜牒；今之所書，但曰某姓，惟不顯者，則略著其人。"

徐鉉改定說文篆韻譜後序述承詔校定說文，得"李舟所著切韻，殊有補益；其間有說文不載而見於序例注義者，必知脫漏，並從編錄，疑者則以李舟切韻爲正。" 這與集韻所訂的"悉本說文"的凡例，足以發明。 孫愐唐韻序文裏說明了"姓氏原由"和"異聞奇怪傳說，土地物產，山河，草木，鳥獸，蟲魚"備載其間，集韻凡例批評舊韻姓望的話，正是廣韻據唐韻的地方。 我們從二〇一六合二〇一四，二〇一五比照廣韻一看，關於姓氏的註訓，正是集韻韻例的原則。 我們可以明白修集韻的時候，這一個系統的韻書影響不小。

上承唐韻下啓集韻之處，就更可羅舉如次：

皆韻　皆諧偕揩豺差齋排頦埋懷崴乖匯虺偕楷揌膗齂咪崽𥠄搋䐁膗睆巉礧蕿徥㶊媣梩

1　16 8 1 1 3 2 2 5 1 3 11 3 2 2 3 1 2 × × × × × × × × × × × × × × × × ×

2　19 9 1 1 4 2 1 6 × 4 12 4 4 3 1 × 4 1 2 2 1 2 2 1 1 2 × × × × × × × ×

3　28 14 2 2 6 4 10 9 2 8 21 10 9 6 6 × 5 4 2 3 1 4 1 1 2 3 1 1 1 2 5 1 2 1

緩韻　緩管𤄻款睕梡短㡭斷𠊱卵算聊纂板伴滿鄹攤垪𢿙鑾𤀼亶坦但嬾䖘𢡻侒䩩叅

1　15 13 1 9 1 2 4 2 3 5 2 4 1 10 2 3 5 × × × × × × × × × × × × × × × ×

2　14 12 × 8 × 3 4 4 3 7 1 3 × 8 5 3 5 1 1 2 2 𤄻作疃，𠊱作㬊，3同。)

3　31 20 2 17 × 11 9 9 8 11 2 7 × 19 9 8 11 5 2 4 14 4 4 22 13 23 15 1 2 1 2 2

產韻　產鏟㘔醆簡眼狠限㺿閪㦃盻版軋

1　9 6 6 4 5 1 1 4 1 1 × × × ×

2　10 6 8 4 7 1 1 5 1 × 2 × × ×

3　12 13 18 11 13 6 2 8 1 × 2 1 3 2

葉韻　葉椄擸涉獵㨗牒敏聶謵讘讋妾鍤极輒曄㾊𥮜䕈䌌壓傑牒𦄑𠌲抾庯偞婕䳵妅徢

1　10 11 6 3 21 8 3 2 17 9 6 12 10 5 5 7 5 1 1 5 2 6 3 1 2 × × × × × × × ×

2　10 11 8 4 21 8 3 4 16 9 5 12 10 6 5 8 7 1 × 6 2 7 × × × × × × × × × × ×

3　24 29 18 10 37 18 10 11 25 14 11 25 28 11 8 12 9 3 × 9 2 21 × × × 8 1 3 10 1 1 1 4

1)韻部開合口字分列；

2)紐次部件；

3)字訓本於說文；

4)姓望之字，但曰某姓，不顯者略著其人。

最後，周君祖謨最近見示新得材料有二〇一六鈔本背面七行東韻殘公蒙兩紐，起"公"字注雙行小字，幾佔四行，止"孯"字注。"公"字紐凡十三字，"蒙"字紐存十六字。依體例不應是二〇一六的材料：

1)二〇一六韻書紐次"公""蒙"兩紐不相連，且刻本中已見兩紐次第，鈔本與刻本一個系統，不應分歧。

2)二〇一六韻書注訓是先反切，次字數，次訓解，鈔本先訓解，次反切，次字數。

3)二〇一六韻書訓解與集韻較近，鈔本很近於廣韻。

我們附錄在後面，算做法一附號，暫置不論。（附錄五）

乙 （4）伯希和二〇一七韻書釋

二〇一七韻書，我編號法二，唐寫本；首缺，存陸法言切韻序後部八行半；下接四聲總韻目，上下四層排列，有韻目計數一行：平五十四，上五十一，去五十六，入三十二；韻目下邊去入聲有殘缺；最後存一東韻起首上截四行。十韻彙編未收，也是周祖謨君廣韻校勘記中所有的材料。

這種韻書一共該有一百九十三韻，由總目計數上可以知道，只是韻目裏上聲第五十一韻原來脫落，去聲末了殘缺，都不能知道是什麽字了。平聲上下數叙相連，山

洽韻　洽恰夾箑眨插䶝囚霎箚踚㴸溹廅歃䄷諜毾

1　151014 6 6 10 4 9 8 4 3 1 1 × × × × ×

2　141015 6 6 10 4 4 7 3 4 1 × 1 × × × ×

3　27193316152 5 9 13 × 8 12 1 × 2 11 1 2 2

狎韻　狎渫甲鴨口㲜呷渫䀹牐浹霅讋挾

1　11 6 10 6 1 10 4 5 1 1 1 × × ×

2　11 6 10 6 × 8 4 × × × × × × ×

3　18 × 15 12 × 20 6 × × × × 9 1 2

二十六，先二十七。 韻裏面情形是：紐次是陸法言系統，每紐注字，先反切，次字數，再訓釋；字數裏注明加數，所加的字未注明。（註十四） （見附錄六）

總韻目裏上聲四十七拯有反切："之乃"（仍？），是最特別的一點。我們可以說，許多韻書的韻目裏拯韻不是寫"無反語，取蒸上聲，"就是寫"無韻"或"無韻，取蒸之上聲，"廣韻才用"蒸上"兩個字平寫著，却沒有用"之仍"反切的，只有夏竦古文四聲韻作"之𣊥"，與這種相似。 這雖是一點小事，我却以爲可能是又一種刋補性質的切韻。 夏氏所據的叫"唐切韻"，而韻數特別的多。

這韻書只殘存東同中蟲終五紐的字，紐次顯然是法言的系統。 我們知道系統相同的材料有英二，國二，和國三。 把這些材料比較一下，每紐字數情形是——

	東	同	中	蟲	終
英二	二	十八	三	四	十
國二	二加二	十六加六	三加一	三加四	十加二
國三	二	二十一	四	五	十一
法二	二加一	□六	三	?	?
廣韻	十七	四十五	四	七	十五

這裏有"加字"的問題，除了國三不注明，英二東韻加字的地方不在法二殘存的部分，國二加字還有出於英二以外的。 全部東韻加字情形是：——

英二　　5處　　6字

國二　　22處　　56字　　1紐

因此知道，國二比英二字多而其底本似乎與英二是一個系統，國三像是介乎英二與國二中間一階段的書，比英二字多而往往與國二相同，偶爾國二多出字來顯得它與英二相同。 這法二因爲只有一個加字的例子，連不加字的幾紐看，却不能肯定是那一階段的書。 這裏我們可以得到幾點簡單的認識：

(1) 韻書演變的論點，"韻部分合"，"韻目敘次"，"紐次異同"，"紐字增減"都同樣有關係，王國維所舉"四聲一貫"，"音類相從"兩事只是韻目敘次所

註十四：韻書注加字數有二例：(1) 加字數與原字數並列，總數不寫；(2) 總數與加字數並列。本書屬於 (1) 類。 所加之字有逐字註明"加"的，有不注的。 本書不注。

表現的現象；

（2）紐字增減這一項，牽連到"注記加字"的體例：凡是較早的韻書，字訓總少些，後來刋補的一派作者特別重視這點，逐字注記，等到再往後就不注意這些了；

（3）綜合有注記加字的材料是英二，法二，法三，德一，國一和國二的平聲首部：

英二不知作者主名，錄"切韻序陸法言撰，"有題"伯加千一字"一行，著錄陸法言長孫訥言兩序；

法三首尾俱缺，下節論它；

法二本節所論，有陸序；

德一是殘片；

國一題唐韻；

國二署王仁昫撰，長孫訥言注，裴務齊正字，有王仁昫長孫訥言兩序。

（4）刋補性質，到這兒應該明白要包括若干點，而"加字及訓"的一點或許是個最普通的，而反歸於模糊；

（5）許多加字的材料，題名儘管不同，或者是切韻，或者是唐韻，或者刋謬補缺切韻，但紐次都屬陸法言系統。

乙 （5）伯希和二〇一八韻書釋

二〇一八韻書，我編號法三，殘存一東末三行上截，二冬三行上截，三鍾六行半又半行注字夾注的一單行。十韻彙編未收，廣韻校勘記裏用過的材料。（見附錄七）

這種殘書可注意的地方是：

1)紐次屬於陸法言系統；

2)每紐收字注明加數，並且所加的字逐一注明，加字數包括在總字數裏；

3)每紐注字情形，先訓解，次反切，末字數。

第一點看不出更多的可以分辨的條件，正與上節最後一點所說的相關。我們從第二點來檢討比較一下幾種加字的材料：（有東冬鍾三韻的英二法二國二以及本書）。

(1) 英二　悤，八加一，不注明所加之字，加數與原數分列，實爲九字：悤葱樬驄聰

縂驄鏓廮

法二　缺。（法二只有東字一例，法三缺，故略自法三存在之例起）。

國二　忩：八加四，不注明所加之字，加數與原數分列，實爲十二字：忩蔥楤騘聰總璁驄廮蝂鍯熜

法三　紐首殘缺，存三字及一字訓釋，注明所加之字，當爲X 加一，X 應爲包括加數及原數之總數：…緫璁騘蝂（加）

(2) 英二蔓，十二加一，實有十二字，當爲原寫本誤脫：蔓椶緵嵸鬉醆嵕猣鬷椶騣堫

法二　缺。

國二　葼，十四加六，不注明加字，原數加數分列，實爲二十字：葼椶嵸緵騣椶鬃鬉醆嵕猣猣鯼碡猣蝬艐堫稯傻

法三　存十字：…緵鬉醆嵕猣豵鬷椶………蝬艘　似無加字。

(3) 英二　蓬，四，無加字：　蓬篷芃漨

法二　缺。

國二　蓬，四加四，加字不注明，原數加數分列，實爲八字：　蓬漨篷芃稀韸蠭髼

法三　蓬，六加四，殘存三字：　蓬篷漨………

(4) 英二　彤，六，無加字：　彤疼佟烇鳩鼕

法二　缺。

國二　彤，五加十一，不注明加字，原數加數分列，實爲十六字：彤疼佟烇鳩鼕鱅爞敨赨蝕烛痋爞蟲悏

法三　彤，七加一，存二字：彤疼

(5) 英二　賨，五，無加字：　賨琮悰潀淙

法二　缺。

國二　賨，五加三，不注明加字，原數加數分列，實爲八字：　賨琮悰慒潨淙𥾩𩉡

法三　賨，五，無加字：　賨琮悰潀淙

(6) 英二　農，三，無加字：農膿儂

法二　缺。

國二　襛，三加一，不注明加字，原數加數分列，實爲四字：　襛膿儂齈

法三　農，殘存一字：　農

(7) 英二　恭，四，無加字：　恭龔供珙

法二　缺。

國二　恭，四加三，不注明加字，原數加數分列，實爲七字：　恭供龔珙共

哄[illegible]

法三　缺。

(8) 英二　蜙，二，無加字：　蜙淞

法二　缺。

國二　蜙，二加三，不注明加字，原數加數分列，實爲五字：　蜙淞凇倯鬆

法三　缺。

(9) 英二　樅，二，無加字：　樅鏦

法二　缺。

國二　樅，二加二，不注明加字，原數加數分列，實爲四字：　樅鏦從樅

法三　缺。

(10) 英二　攻，無加字，應爲一字，寫本作二，實有一字：　攻

法二　缺。

國二　攻，一加二，不注明加字，原數加數分列，實爲三字：　攻釭玒

法三　缺。

(11) 英二　[illegible]，一，無加字：　[illegible]

法二　缺。

國二　硿，一加三，不注明加字，原數加數分列，實爲四字：　硿[illegible]洚夅

法三　紐首字缺，存注二加一，加字未注，按本書例當爲總數二，內包加字一：　□洚

(12) 英二　[illegible]，一，無加字：　[illegible]

法二　缺。

國二　謽，一加二，不注明加字，實有二字：　謽鐅

法三　謽，一，無加字：　謽

(13) 英二　鍾，九加一，不注明加字，實有八字，似與體例不符，當爲十字，原本脫落：　鍾鐘蚣忪衮彸妐衳

法二　缺。

國二　鍾，九加三，不注明加字，實有十一字：　鍾蚣忪衮彸衳鼨橦妐螉松

法三　紐首字缺，存十字，注明加字，應爲 x 加三，x 包加數及原數的總數：……鐘蚣忪衮彸妐衳伀(加)䗓(加)鼨(加)

(14) 英二　龍，四，無加字：　龍瓏矓巃

法二　缺。

國二　龍，四加四，不注明加字，原數加數分列，實有八字：　龍蘢瓏矓巃蘢籠竜

法三　龍，七加三，注明加字，加數包括在總數內，原數四：　龍瓏矓巃驡(加)蘢(加)籠(加)

(15) 英二　舂，缺載字數，實有三字：　舂䗫䳾

法二　缺。

國二　舂，五加二，不注加字，原數加數分列，實有七字：　舂惷樁䳠䳾䗫䵵

法三　舂，五加一，注明加字，加數包括在總數內，原數四：　舂樁䳠䳾惷(加)

(16) 英二　松，二，無加字：　松訟

法二　缺。

國二　松，二加二，不注加字，原數加數分列，實有四字：　松凇訟棇

法三　松，二，無加字：　松訟

(17) 英二　衝，五，無加字：　衝罿憧艟艟

法二　缺。

國二　衝，五加四，不注加字，原數加數分列，實有九字：　衝罿憧艟艟劃穜穜潼

法三　衝，六加一，注明加字，加數包括在總數內，原數五：　衝罿憧艟艟潼

(加)

(18) 英二 容，十四，無加字： 容溶㵾庸墉鏞鄘傭鱅㲝鰫鏞蓉

法二 缺。

國二 容，十四加八，不注加字，實有二十三字，當係誤記，原數加數分列：

容㵾庸墉𤢸鎔鏞鄘傭鱅㲝鰫蓉螗搈傛鎔𧝎慵槦𥢔頌溶

法三 容，十六加二，注明加字，實有十四字，按本書例當爲十四加二：

容溶㵾庸墉𤢸鄘傭鱅㲝鰫蓉螗(加)傛(加)

(19) 英二 封，二，無加字： 封葑

法二 缺。

國二 封，二加一，不注加字，原數加數分列，實有三字： 封犎崶

法三 封，二，無加字： 封犎

(20) 英二 匈，七，無加字： 匈凶銎洶恟兇訩

法二 缺。

國二 凶，八加一，不注加字，按本書例當有九字，實存八字： 凶匈銎洶恟兇訩匈

法三 匈，八加一，未注加字，與本書例不合，按原數應是七： 匈凶銎洶恟兇訩匈

以上的現象可以看出，——

1)英二與法三比較相近，因爲英二無加字的，國二有加字，而法三往往無加字，與英二相同；

2)國二當較法三爲晚，因爲原數往往相同，而加數則國二多於法三；

3)法三可能是國二所根據的一種本子，英二是一個系統裏的書；

4)根據上節討論法二的加字情形所說的 ， 我們可以假定出下面幾種本子的關係表來：

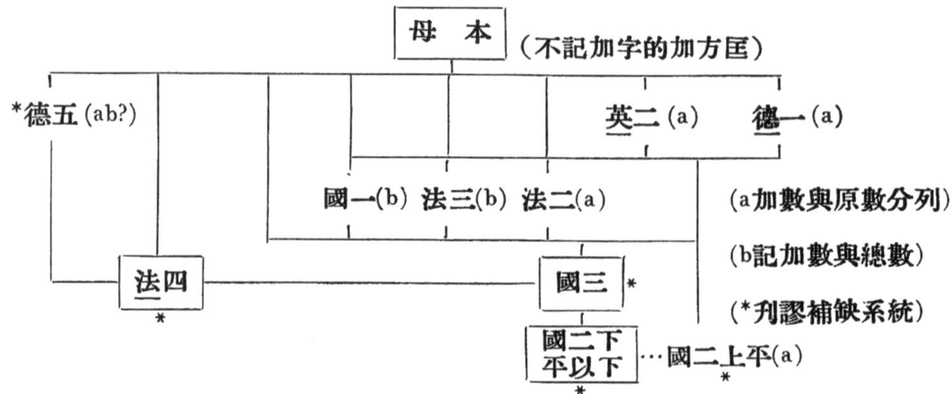

由於第三點的觀察，我們更進一步討論有加字的各本，把各個要點列舉如下：

韻本編號	反切	訓解	按語	字數	紐次
英二	在前。二冬用"東"字，三鍾用"用"字，四江用"紅"字，五支用"私"字。	在反切後，間有在前的。往往無訓解。	有，多據說文。長孫訥言序中有"但稱案者，俱非舊說"。	在反切後，訓解前。間有訓解在前的，就居最末。加字之數與原有字數分列，總數不注。加字不注明。	陸法言系統。
德一	在前。	同上在反切後，多無訓解。	無。	在反切後，訓解前。加字之數與原有字數分列，總數不注。加字不注明。	陸法言系統。

德五	在前。	存在資料太少，不足斷定。	無。	在反切後，餘均不可考。	當爲陸法言系統。
法二	在前。	在反切字數之後。有無訓解的。	無。	在反切後。加字之數與原有字數分列，總數不注。加字不注明。	陸法言系統。
法三	在後。	在反切之前。有無訓解的。	無。	在反切後，居末。加字之數列出，原有字數不列而列總數。加字逐一注明。	陸法言系統。
國一	在後。	在反切之前。有無訓解的。	無。	在反切後，居末。加字之數列出，原有字數不列而列總數。加字逐一注明。	陸法言系統。
國二上平	在前。	在反切字數之後，一東首二紐在前。有無訓解的。	有。	在反切後，訓解前。加字之數與原有字數分列，總數不注。加字不注明。	陸法言系統。

這樣就自然的看出，——

1)有案語的訓解是一派韻書，反切在訓解之前，(用"ㄅ"標類)；

2)反切在訓解之前的韻書，另有一派韻書無案語，(用"ㄆ"標類)；

3)這兩派韻書記錄字數，都是先原有字數，次後加字數，要算總字數兩數全要計算；

4)這兩派韻書雖然詳記原有和後加字數，但是哪一個字原有哪一個字後加却無從知道；

5)在這兩派韻書以外，又有一派韻書，沒有案語，反切在訓解後面，記錄字數先總數，次後加數，每一個後加的字注明一個"加"字，(用"ㄇ"標類)；

6)ㄅ類韻書是英二和國二上平，ㄆ類是德一、德五、法二，ㄇ類是法三和國一。

上一節論法二的時候指明一件事是這三類韻書相同的，紐次屬於陸法言系統。可是各本原題書名就很有些錯綜紛歧了：

ㄅ類　英二　切韻。

　　　國二　刋謬補缺切韻。

ㄆ類　德一　殘缺，不見題名。

　　　德五　殘缺，不見題名，只是韻目下有與刋謬補缺切韻相同的諸家分韻異同注字。

　　　法二　殘缺，不見題名，但有陸法言切韻序後半篇。

ㄇ類　法三　殘缺，不見題名。

　　　國一　唐韻。

我們從拯韻韻目有了反切一點看，法二並不因爲有切韻序便可說是切韻，而也不能直說它是王仁昫刋謬補缺切韻，但說是刋補性質的一種韻書却無不妥。ㄆ類德五有刋謬補缺的諸家分韻異同注字，合上法二的有刋補性質，連及德一也歸入刋補系統，我想很是自然的。ㄅ類國二韻目頭裏也還是題"切韻"，與英二都有對陸韻刋補的意味。那麼，我們有理由說這種注意加字，分記原有數目跟後加數目的韻書是刋謬補缺的"補缺"。(註十五)這是王仁昫長孫訥言諸家的基本工作，讀了他們的序文就很

註十五：王仁昫書中注明："刋謬者謂正訛謬；補缺者加字及訓。"

明白。 所以П類雖然題名不同，注例也改變了，可是紐次沒有改，性質也還是刊謬補缺。 唐韻序裏也說的很明白。 因此我們更加認識：

（1）各家刋補陸法言切韻，所以現在看見的記錄加字的韻書，紐次都仍法言之舊。

（2）記錄加字字數和注明加字，固然是刋補的痕跡，現在看見的不記錄加字字數和不注明加字的韻書，也有刋補的作用。

（3）故宮博物院印本王仁昫刋謬補缺切韻序末夾注："所有新加字並朱書，其訓即用墨書；或有正體及通俗者，皆於本字下朱書；若有數字同所從者，唯於通字下注其正及通一字，餘類所從皆准此。 其正通等既非韻數，並不入韻數之限也。" 正解釋序裏"舊本墨寫，新加朱書，兼本闕訓，亦用朱寫，其字有疑涉，亦略注所從，以決疑謬"的意思。 這種加字朱書的辦法，最初是最嚴格認眞的，經過傳鈔，很容易成爲一律墨寫，便成了不注加字不記加數。（國三）

（4）記原數與加數的韻書，是不用"加字朱書"辦法的第一種心理表現： 有一個"原本"的觀念和"新加"的觀念平列，沒有考慮總字數是多少。

（5）不用朱書加字，而要注意表示哪是加字，所以記數就先計總數，再記加數；這種心理並不重視原本，特別注意加字，並且逐字注明"加"字。

（6）根據這些理解，對於法三這種韻書的時代可以知道比較晚些，而逐字注"加"的道理原來就是較晚的表現。

（7）連帶明瞭了國二上平與下平以下不同的道理： 下平以下應是原本，屬於國三序注加字朱書辦法的系統 ； 上平部分正是改寫應用分記原數加數的辦法的系統；現在看來便是糅合兩種系統的韻書。

（8）就是國三，也不是原本，因爲"加字朱書"毫無踪跡。

申報文史副刊第二十七期（三十七年六月十二日）載周祖謨君跋唐寫本孫愐唐韻殘葉一文，舉了五點說明法三是孫愐唐韻。 我上面歸類成П類，也自然跟周君之說相印證。 周君所舉的一二兩點，便是我歸類的條件裏所有的。 我們是不是能像周君三四五三點的說明，直接定爲孫愐唐韻，還需要加一番討論。 國一有"唐韻"題名，說是孫愐的書毫無問題，可是要從引書上證明法三與國一是一家的書，恐怕蓋然性反大於必然性。 我們不妨列舉出法三的引用書名：

1淮南子　東蜙　2傳　東䗥　3異物志　東䗬　4說文　東蓬　5前燕(錄)冬冬

6廣雅　冬䆚　7字様　鍾䭯　8世本　鍾舂　9玄中記　鍾松

國一的引用書有——

1神異經　未蜚　2山海經　未蜚　3字林　未翡　4埤蒼　未䨽　5纂文　未肶

6左傳　御御　7周禮　御馭　8何氏姓苑　御㨿　9說文　御豫　10史記　御豫

11爾疋　御鸒　12後魏書　遇樹　13字書　遇尌　14字様　遇句　15書傳　遇䫻

16列仙傳　遇務　17晋書　遇附　18前燕錄　暮慕　19風俗通　暮路　20淮南子

暮瓠　21聲類　暮嫮　22後趙錄　暮素　23北齊書　暮步　24公羊傳　泰愒　25楚詞　泰沬　26漢書　霈薈　27盛弘之荆州記　祭稅　28郭璞　祭鱖　29字統　祭䎎　30蒼頡篇　祭鬁　31杜預　祭䄙　32論語　祭揭　33宋書　祭㴚　34易　卦卦

35潘岳射賦　卦挂　36孝子傳　夬噲　37考工記　隊樹　38呂氏春秋　隊薹　39山公集　代佴　40魏志　恩頓　41玉篇　恨㒨　42西京雜記　翰炭　53詩傳　翰粲

44華陽國志　換爨　45蜀志　換爨　46蜀錄　換爨　47詩　換爨　48如淳　霰薦

40曹憲文字指歸　線綫　50鄉禮少儀　線偭　51漢書音義　線桊　52薛綜　嘯㶷

53周書　笑燦　54南燕錄　箇賀　55國語　禡覇　56三輔決錄　禡射　57老子　禡嗄　58韻略　漾尙　59後秦錄　漾相　60後漢西羌傳　勁盛　61文字集略　宥瘤

62孝經　沁禁　63音譜　豔潛　64崔豹古今注　㮇店　65方言　嶝亘　66蜀王本記

嶝堋　67續漢書　鑑豎　68老子注　屋琭　69論衡　屋蛸　70王逸楚詞注　燭哫

71李頤(莊子注)　覺嚗　72司馬彪莊子注　覺擉　73夏錄　質叱　74牟子　物佛

75尸子　沒骨　76釋名　沒笏　77宋玉　沒堀　78內典　曷薛　79鄭玄　末越　80莊子　屑決　81韓子　薛渫　82司馬法　薛聮　83西秦錄　鐸莫　84急就章　鐸閣

85南越志　業蜐　86文字要略　業䕨　87文士傳　職棘　88本草　緝笠　89異物志

合蒳

這八十九種裏和上面九種裏相同的有七種；却有一種是問題，就是前燕錄　因爲注文並沒有寫"錄"字，今傳詳注本廣韻完全相同。　周君說這是出於前燕錄，按廣韻詳注本與略注本冬字注，與法三可以排比來看，似乎難於直斷便是孫愐唐韻，因爲這不一定是據前燕錄。

法三　冬終也亦姓前燕慕容皝左司馬冬壽都宗反

廣韻詳注　四時之末尸子曰冬爲信北方爲冬冬終也又姓前燕慕容皝左司馬冬壽都宗切七

廣韻略注　都宗切四時之末尸子冬爲信北方爲冬冬終也又姓七

我們再把存在的冬字韻書注排出來：

英二　都宗反二

法六　秋冬四時之末又姓都宗反五

國二　都宗反冬終四時也

詳注本廣韻倒跟法三引書相同，除了幾個省略說文廣雅的例字。　像“舂”字注引的世本，廣韻還有去聲遇韻“數”字注，代韻“耒”字注，“殪”字注，換韻“筭”字注，入聲櫛韻“瑟”字注，沒韻“勃”字注，錫韻“曆”字注，狎韻“霎”字注，國一却都沒有。　我們可能相信法三法六相合起來是廣韻材料的大部分，國一也是一部分，但不必要說國一便是法三。　廣韻的兩種本子無論如何都與唐韻有關係，兩本都收了孫愐的序。　略注本或者是省略了，詳注本所引比較可信是不省了而國一比照起來，世本就幾乎全沒有引，我們很難從其他引書相同的條件說法三與國一是一個書，正像不能因爲詳注與國一有相異處而全稱的否定中間沒有關係　。　詳注本廣韻質韻“乙”字注：

辰名爾雅云太歲在乙曰旃蒙亦姓前燕有護軍乙逸又虜複姓三氏後魏獻帝命叔父之胤曰乙旃氏後改爲叔氏前燕錄有高麗王乙弗利後魏有都督乙干貴又虜三字姓有乙速孤氏於筆切三

“前燕”是泛叙時代的，“前燕錄”是專引成書的　，上面法三的“前燕”與國一的“前燕錄”究竟是有關係沒有，我們就可以用這條注做個比較。　因爲這一點問題却引出我們另一個有趣的認識：

1)法六與李舟有關，李舟與廣韻有關，廣韻又與唐韻有關，李舟應與國一有關；

2)國一題唐韻，應與法六有關，法六題刋謬補缺切韻，應與法四國二國三有關；

3)法三引書與國一相關，而紐次都是法言系統，法二法四國二國三相同，法六平上部分與入聲部分紐次系統不同，是陸法言孫愐兩家的混合；

4)法三國一應該是孫愐唐韻，法六應是李舟切韻而有孫韻的成分，孫愐唐韻系統就要從下列幾點去探求：

韻次　　國一。

韻數　　國一。

紐次　　集韻全部，法六平上部分。

訓注　　國一，法三，法六廣韻詳注本。

5)李舟與廣韻的關係，從國一法六入聲引書的情形可以窺探：

1 葉韻　慹　司馬彪莊子注慹不動皃又音捻（法六）

司馬彪庄子注云慹不動皃又音捻加（國一）

司馬彪莊子注云慹不動皃又音捻（廣韻詳略二本同）

2 葉韻　衱　禮記注云衱衣領交（法六）

禮注云衱交領加（國一）

禮記注云衱交領其輒切五（廣韻詳注本）

其輒切禮記注云衱衣領交也（廣韻略注本）

3 職韻　蓟　廣雅云附子一歲曰蓟二歲曰烏喙三歲曰附子四歲曰烏頭五歲曰天雄也（法六）

廣疋云附子一歲爲…………三歲爲附子四歲爲烏頭五……………（國一）

廣雅云附子一歲曰蓟子二歲曰烏喙三歲曰附子四歲曰烏頭五歲曰天雄（廣韻詳注本）

廣雅云附子一歲曰蓟子（廣韻略注本）

4 職韻　穓　字統耕也（法六）

字林云耕也加（國一）

字統云耕也（廣韻詳注本）

字統耕也（廣韻略注本）

5 德韻　恧　觻惪縣在張掖出地理志（法六）

…………在張掖出地理志亦作得加（國一）

䱶悳縣名在張掖漢書作得（廣韻詳略二注本同）

國二正與國一的“加”字相應，這五條凡是“加”的都未收，只錄有沒有“加”字的“蒴”字：“蒴子藥。”法四職韻缺。 國三：“藥烏頭別名。”這些題王仁昫撰的刋謬補缺切韻，注字都很簡略，並不引廣雅；引廣雅的，是與李舟有關的法六和與孫愐有關的國一；廣韻兩個注本好像有下列的關係：

詳注——李舟刋謬補缺切韻——孫愐韻。

略注——王仁昫刋謬補缺切韻——孫愐韻。

法六引書或許是李舟承襲孫愐的一點痕跡，而大部分還有刋謬補缺切韻注字簡略的風氣，我們也不是沒有理由這樣想法。 爲了比較的方便，這裏把與李舟有關的韻書資料引書列舉出來：（法五法六）

1 異物志 東狨

2 孟子 冬洚 齊圭

3 周禮 魚閭 錫砉

4 淮南子 皆蝔 駭獬

5 漢書 仙諓 德悳（地理志） 仙錢（貨志）

6 方言 仙諓 德匕（？）

7 說文 仙馬 仙孱 鹽灩 紙爾尒 葉翜 薛荝

8 論語 宣譔

9 書 宣饌

10內典 侵鉡

11抱朴子 鹽蟾

12玄中記 鹽蟾

13爾疋 紙夥 紙爾

14司馬彪莊子注 葉槸

15禮記注 葉衱

16廣雅 職蒴

17山海經 錫鴋

如果李舟切韻和孫愐唐韻有關是沒有問題，我們從法六國一法三的相同之點可以決定孫韻的情形；但是遇到不同之點，就可以考察幾種材料的究竟，而了解孫李之間因革的情形。 例如韻數問題，國一的沒有嚴韻去聲與陸法言切韻同，而去聲總韻數五十九，就不是陸韻，明明表現了諄桓戈三韻的去聲分出；法六下平韻目總數五十八，與國一表現的諄桓戈三韻分出相應，還要多出一個宣韻位置，因爲先韻二十九豪韻三十五的關係；法六與國一同系統可算眞確了。 我們似乎可以由法六說到國一也該有"宣"韻，或者由國一說到法六也該沒有嚴韻去聲，但是我們都不能這樣。 法三同樣的不能給法六與國一作絕對相同的論斷。這因爲相同或不同之"點"的性質，有可以做推論的，也有不可以做推論的，又當分別處理。 法三的收字沒有法六多，可惜國一無從比較。 國一有些記錄陸韻的地方，也可惜法三法六都恰巧殘缺。例如法三法六共同存在的材料，我們從別種韻書訓註可以比對：

1)集韻（姚刻本）冬韻笗字注："陸詞曰，苣苳，冬生。"法三作"竹名，又簩竹；"法六國二國三相同，無笗字而有苳字，注"草名。"

2)廣韻鍾韻恭字注："陸以恭蜙縱等入冬韻，非也。" 法六國二國三都是冬韻裏有恭蜙樅蹤（法六國三無蹤）紐，國三樅下作"七容反"的反切，法三鍾韻不全，冬韻依紐次恰巧缺在農紐碚紐之間。

我們對於集韻，可以用法六校正錯誤，而知道法六不是陸韻，法三也不是陸韻；至於法三法六從這一點却不能說是孫或李，雖然另外的論點已經告訴我們，法六是李舟韻，法六也好像承襲法三，法三可能是孫愐韻。 今本集韻笗字全注作："說文艸也；陸詞曰，苣苳，冬生；通作冬。"法六共五字：冬苳笗鼕鼨。國一缺。國三共二字：冬苳。法三國二同國三。 廣韻笗注"竹名"，苳注"草名"。這裏牽連到註十三裏對比紐中收字數目的辦法，還要仔細對比收字在紐中的次第，才能斷定各本韻書中間的關係。

國二國三法三　冬苳

法六　　冬苳笗鼕鼨

集韻　　冬臭뤅鼕笗鼨鴤炵？（方成珪集韻考正據類篇補"苳"字，據廣韻補"笗"字注。）

廣韻　　冬㚇苳鴤笗䨴鼨

紐中字次　1 2 3 4 5 6 7 8 9

我們從這點認識韻書增加字不一定排在最後，自然破除了許多講“增加字”的籠統觀念，而編韻的人先後承襲却也有個線索可尋。集韻冬紐注九字却實有八字，從法六23爲次的旁證，我們很自然的明白了集韻的5應該是苳而笗是6，苳字脫了，注解誤入笗下，笗字注解就全行失去。廣韻也告訴我們苳3笗5中間增加了鴤4，上與國二國三法三相承，可能就是法六的衍本，因爲䨴6鼨7爲次顯然很近於法六䨴4鼨5爲次。集韻把䨴排在前面，可能是對法六的大改動，後面增加上鴤炵，沒有廣韻只插入了苳笗之間一個鴤字痕迹明顯。這樣，說廣韻承襲李舟比集韻多些，集韻承襲孫愐比廣韻多些，不是不可能。廣韻裏沒有記李舟的話，集韻裏沒有記孫愐的話，也不是一件偶然的事。廣韻苳笗注比法六所差在笗下的“又䈙竹。”廣韻模韻都紐收了䈙字，注“竹名”；集韻同。這個䈙字，却早到英三法四裏都有的。苳字注，連英二，全只是“草名”，沒有集韻記陸詞的“苣苳，冬生”。王國維跋英一二三韻書說：

……日本源順倭名類聚引陸詞切韻五十四條，又日本僧瑞信淨土三部經音義引陸詞切韻十六條，頗見於此三種中，而未見者亦半。蓋源順瑞信所據或後人增注之本，此三種亦或有刪節，不得謂非一書。集韻二冬苳字注引陸詞曰“苣苳，冬生”。此本冬韻有苳字，注云“草名”，而無“苣苳冬生”四字。蓋集韻所據亦增注本。…………（觀堂集林卷八頁六）

我們不能相信有陸韻“增注本”和“節注'本”的說法；一經‘增’‘節’，就是某增的人或某節的人的書。我們有什麼理由把集韻特別注明的陸氏材料歸到別家增加的名下去？（註十六）我們從集韻職韻記李舟“日”字說證明了法六的系統，更不敢如此忽略所謂“吉光片羽”的材料，這一條只可以教我們相信陸氏原本還待尋求。至於廣韻恭紐注，是宋人的還是唐人的？王國維說：

註十六：丁山先生切韻逸文考叙：“…若集韻所引‘苳，苣苳，冬生，’直以後人增訂之詞爲切韻原文，無足辯矣。”大約本於王說。原文見中山大學史語所週刊切韻專號。

廣韻三鍾恭字下注云：“陸以恭蜙縱等入冬韻，非也。”考之大徐說文則恭俱容切，縱即容切，蜙息恭切，皆在鍾韻。大徐說文用孫愐音，則孫愐始改此數字入鍾韻。廣韻此注必係唐韻舊文。（觀堂集林八，書吳縣蔣氏藏唐寫本唐韻後。）

他本爲論證國一麥韻鰏字注“陸入格韻”是孫書內容，却沒有充分的說明國一鰏字注和廣韻恭紐注何以是相同的系統。我們可以相信國一的注是孫愐的，因爲依我們“集韻承襲孫愐”的原則，查檢集韻正合於這條注，與國一相同：

陌韻格紐下沒有鰏字；

麥韻隔紐下有“鰏，魚名。”

廣韻陌韻格紐，麥韻隔紐，都有鰏字，似乎兼有陸孫兩家的系統：

格紐下：“鰏，鰏鰊，魚名。”

隔紐下：“鰏，魚也。”

國二恰巧就有“格”韻和“隔”韻；鰏在格韻格紐，注“鰊魚名”；隔韻隔紐沒有鰏字。國三，麥韻隔紐沒有鰏字，陌韻格紐有鰏字，注“鰏鰊。”英三與國三同。這都是陸書的系統。廣韻恭紐注，集韻也沒有注明，而完全相符的收在鍾韻，好像是孫愐的系統；但是究竟注字是不是孫愐的以及這一點是不是孫愐開始，却不能肯定。假使這種歸韻問題，我們作爲是一種“刋補”性質，注明陸書得失的總比較近於“刋謬補缺切韻，”即便是唐韻名目，也還該是“唐切韻”紐次全用陸氏系統的，比一概說成孫愐唐韻要合宜些。廣韻的注字可能是宋人修書時候加的。因爲我們見到國一記錄陸書的範圍沒有涉及分韻的，例如“鰏”字“陸入格韻”與恭紐注的句例並不相同；孫韻分出諄桓戈，去聲就分出稕換過，入聲分出術曷，國一的換過術曷韻下却沒有記錄，不像我們見到的德四桓韻注“陸入寒韻不切，今別桓；”廣韻恭紐注表現絕對改變了陸韻，而其他似乎就有些兼容並包了，像國一記的鰏字便兩韻互收了。我們又知道宋朝人見到的唐韻，有記錄分別韻部的注，如魏鶴山所記唐韻移韻注：“陸與齊同，今別。”如果國一是唐韻，我們不能不懷疑何以沒有像魏鶴山所見的移韻注或我們所見的桓韻注。國一題了“唐韻，”但未必定是孫愐原本。檢讀王國維氏唐寫本唐韻校勘記，眞像他自己說倭名類聚鈔引孫愐切韻和唐韻的“字見於此殘本者多與此本合，與廣韻合者亦十之八；其與此本異者，則廣韻多合於此本而異於倭名鈔所據之本；”使得我們感覺國一可能不是孫氏原書而屬於廣韻所依據的一種“唐韻，”若干部分與李舟接近。　我隨手舉出王氏校勘記上頁八“燈炷”條的問題來做證驗。　王氏記說：

廣韻炷字注云“燈炷。”案遼僧希麟續一切經音義三燈炷云：“下朱遇反，近代字也。　案陸氏釋文，切韻，許氏說文，玉篇，字林，古今正字，並無；惟孫愐廣韻收在注字內。”則此與下澍字均爲孫氏所加，此並奪“加”字。

慧琳音義六十云：“炷，本無此字、唯集訓，切韻新集入韻；玉篇，說文，字林，字統，古今正字，等無此字。”切韻新集亦指孫愐書也。

國一遇韻注紐下字數缺，有“加”字，實共九字：

注跓罜狌鑄馵註炷澍

究竟有幾個加字，是哪一個字新加的，無從知道；王氏據兩種音義說炷字是加的，並且說澍字也是加的，應是“九加二。”再檢法四，國二，國三，和廣韻，集韻：

注跓罜狌鑄馵澍獼祩　　——法四

注跓罜澍蛀狌鑄馵　　——國二

注跓罜狌鑄馵澍獼祩　　——國三

注跓罜狌鑄馵註炷澍霔獼䎷祩䟲鞋蛀　　——廣韻

注屬主澍霔註炷鑄霟䎷祩鞋蛀跓馵獼狌罜鉒腧飳哇咮䟲　　——集韻

三種刋謬補缺切韻都已經有了“澍”字，孫韻還才新加固然可能，但總覺有問題；我們沒有充分把握決定這裏的“炷”字依音義的說法應當是脫落了“加”字，也就無必然的理由說這是孫愐的原本。　我們也可以解釋是孫愐系統的某家的韻書，“炷”字已經不注“加”字了，尤其自然的用兩個音義引用的書名，孫愐廣韻或切韻新集。

二十八翰繖字，王氏記說：

遼僧希麟續一切經音義八引廣韻云：“傘，蓋也，陸氏本作繖。”案希麟書成於遼統和五年丁亥，在宋重修廣韻之前。　是唐時已有唐韻。（慧琳音義八十已引廣切韻。）其卷三復引孫愐廣韻，知唐韻亦名廣切韻，亦名廣韻。　故和名類聚鈔或稱唐韻，或稱孫愐切韻，而希麟乃云孫愐廣韻；則希麟所見唐韻“繖”本作

"傘"，而此本乃作"繖"，同於陸氏本者。 蓋唐韻別本至多，此本固多譌奪，殆如廣韻之有略注本，而源順希麟信瑞所引，亦非必盡爲孫氏原書。 此本與諸家所引頗有異同，實由於此，未可執此議彼，亦未可以彼律此也。

這個"繖"字在廣韻裏不見作"傘"，有又音在旱韻，注云："蓋也，蘇旰切，又蘇旱切，六。"旱韻注："繖絲綾，今作繖蓋字。"下面收了"傘"字，注"傘蓋。"我們現在見到的材料旱翰兩韻先分(a)陸韻系統不分開合韻的，和(b)孫韻系統分開合韻的，還分(c)陸系分韻裏屬於刋謬補缺系統的，(d)孫系分韻裏也有屬於刋謬補缺系統的：

旱韻　英一　散紐二字，不收繖字。　(a)

英三　散紐三字，第三字："繖，繖絲綾，今作繖扇。"(a)

法四　散紐六字，第四字："繖，繖絲綾，今作繖扇字。"第五字："傘，傘蓋。"　(ac)

法六　散紐十二字，第五字："繖絲綾，又繖扇。"第十二字："傘，傘蓋。"(bd)

國三　散紐六字，第四字："繖，繖絲綾，今作繖扇。"第五字："傘，傘蓋。"　(ac)

翰韻　國一　繖紐二字。"繖，蓋也，蘇旰切，又蘇旱切，二。"　(b)

國二　繖紐三字。"繖，蘇旦反，蓋也，三。"　(ac)

法四　繖紐四字。"繖，蘇旦反，蓋，又蘇旦(？)反，四。(ac)

德三　□紐六字。"…蓋也，蘇旰反，又蘇旱反，六。　(b)

國三　繖紐四字。"繖，蘇旦反，蓋，又蘇但反，或作傘，四。(ac)

從這個排比上，我們感覺國一與德三都最接近唐韻，而在唐人韻書系統裏又極近刋補系統；刋補系統裏王仁昫要比孫愐早，李舟繼承孫愐又有刋補之名，因此我更不十分肯定的要說國一是孫愐唐韻原本，王氏自己在這一條校記裏也表示了這種意見。 國一還有一條王氏校記可以加强我們的見解。 三十二霰末了片紐餰紐之間有"荐""栫"兩字，都注了"加"字，而缺了反切和全紐字數，王氏用廣韻校出："此奪荐字注及䢁字，中間恐尚奪洊字並注。我們還得用排比來觀察：

國二　荐在見反重也亦洊二　　袸衣小帶又音在（註十七）

國三　荐在見反重或作洊二　　袸衣小帶

法四　缺

國一　荐〔重至又魏有高士張臻戴鵟鳥巢陰者又徂悶反〕加

　　　栫圍也存左傳栫之以棘加

廣韻　荐重也仍也再也在甸切七　　洊水荒曰洊亦再也易曰洊雷震　　䍷重至又

　　　魏有高士張䍷戴鵟之鳥巢其門陰者又徂問切　　栫圍也左傳云栫之以棘

　　　濽水名　　袸小帶　　闁門次

集韻　荐才甸切說文薦蓆也一曰再也通作洊文十一　　濽洊說文水至也或作洊

　　　䍷薦重也或作薦　　栫博雅籬也　　玬玉名　　袸爾雅衿謂之袸　　罇說

　　　文瓦器　　闁門次謂之闁　　存在也

我很疑心國一的寫手也許就是根據了刋補系統的韻書，而參照接近廣韻的訓解來過錄的。所以表面上"荐""栫"兩字很像有"荐""袸"兩字的藍本，而又錯鈔了注字，注字根據的加字本固然也是刋補系統的，前面已經討論過。並且三十三線"颷"字注：''陸無訓義''；却明明依照陸書，未加注解；最後，我們就毫不遲疑的說這不是孫愐韻的精神。王說''謂長孫訥言所箋陸韻於此字無注也，''似乎把本身的問題忽略了。長孫本無可考，而王仁昫本倒有給我們參考的資料：

國三　椽紐四字，第四字颷，小風。

德三　椽紐四字，此字缺。

法四　缺。

國二　椽紐三字，第二字颷，風氣，再飆轂。

如果國一一定是因題''唐韻''而要說是孫書，我們對德三的題''切韻''又將如何解釋？國一德三都和廣韻逼眞的接近。

二〇一八韻書究竟恭蜙縱等紐在那一韻？現在我們可以歸到這問題上來，即便是不在冬韻，也只是說明這不是陸書而不是以斷定是孫書，尤其不能據這來說是孫書開

註十七：　各條用相同的符號表示互相對照的關係，不贅釋。

始改正陸書的。 這個見解也需要排比來看：

(一)恭紐	國二	在冬韻	駒冬反四加三	恭供龔珙共晎[illegible]（有案語的加～～記出）
	英二	在冬韻	駒東反四	恭龔供珙
	法六	在冬韻	駒冬反十一	恭龔共供晎珙鬟䢼䢼䳍牧
	國三	在冬韻	駒冬反六	恭龔供珙晎[illegible]
	廣韻	在鍾韻	九容切十一	恭共龔供珙䢼共晎廾龔䳍
	集韻	在鍾韻	居容切十八	恭龏龔供共廾昇䢼晎睞鬟䳍烘珙拱供哄嗾
(二)蜙紐	國二	在冬韻	先恭反二加三	蜙淞凇倯鬆
	英二	在冬韻	先恭反二	蚣淞
	法六	在冬韻	先恭反八	蜙凇倯菘淞彸鬆鬆
	國三	在冬韻	先恭反四	蜙淞凇倯
	廣韻	在鍾韻	息恭切六	蜙淞凇鬆倯彸
	集韻	在鍾韻	思恭切九	蜙蚣淞凇鬆鬆倯彸松
(三)樅紐 (註十八)	國二	在冬韻	七恭反二加二	樅鏦從樅
	英二	在冬韻	七恭反二	樅鏦
	法六	在冬韻	七恭反十二	樅鏦瞛𦡭穠従瑽蓯從蹤迩從
	國三	在冬韻	七容反四	樅鏦從鬆
	廣韻	在鍾韻	七恭切又音蹤十二	樅鏦從瞛蠑瑽樅𦡭穠赼鬆迩
	集韻	在鍾韻	七恭切二十	樅穠鏦錄穗瑽瞛𦡭赼鬆鬆鬆樅從從蹤蓯蹤𪘂縱
(四)銎紐	國二	在冬韻	曲恭反二	銎䯫
	英二	缺		
	法六	缺		
	國三	缺		

註十八： 廣韻注作縱，按縱紐各本韻書都收在鍾韻，故丁山先生切韻逸文考已訂正過："疑廣韻所云縱字或樅鏦之誤。"

廣韻　在鍾韻　曲恭切又許容　銎銎
　　　　　　　切二
集韻　在鍾韻　丘恭切三　　　銎簽跫

這裏給我們的提示有一個反切字部類穿錯的問題，國三樅紐在冬韻而反切下字用了鍾韻的"容"，英二恭紐在冬韻而反切下字用了東韻"東"字。一個提示我們，刋謬補缺切韻就已經開始改編，未必是孫愐開始的了；又一個提示我們，最早"恭"紐也許屬於東韻，改入了冬韻，反切還留存著痕跡。英二冬韻農紐奴東反；國二冬韻酆紐敷隆反，又講韻慃紐烏朗反，止韻蟣紐居狶反，扆紐於豈反，厚韻婦紐防不反，缶紐方負反，都是些韻字改編的材料。這些使得我們想到切韻以前的許多韻書。（註十九）國三著作時代很早，應在貞觀年間；寫錄時期相當遲，或許是神龍以後，景雲以前；樅紐的穿錯可能是貞觀時候的事，那就要比長孫訥言箋注儀鳳二年成書時間還要早，否則晚到神龍景雲之間，也要比孫愐修切韻的開元中和定唐韻的天寶五載，都早些時。國一如果是孫愐的書，而二〇一八恭紐等入鍾韻也算是孫書相關的資料，我們能不能說是由這書開始，倒值得考慮了。

總括起來，二〇一八韻書給我們的認識是：

1)二〇一八和國一是廣韻前最靠近的本子；還有德三，介乎其中；

2)這些本子該是刋謬補缺系統下面的支派；

3)陸法言王仁昫孫愐的底子上下衍遞，也許李舟從旁影響；

4)李舟成分不在少數，而題名可能是切韻唐韻或廣韻，（切韻也可能加上"刋謬補缺"字樣）；

5)宋修廣韻，定名"大宋重修"，或許就取李舟承用的孫愐廣韻做藍本，與其他各家本子合在一起，才勑改稱大宋"重"修廣韻；

6)這部書紐次就仍是陸法言系統，韻數由孫愐李舟變遞下來，訓解往往采自孫書，收字排次頗存李緒；

7)眞正孫愐唐韻編制，紐次系統保存在集韻裏，引書注訓散滲在廣韻裏；所謂唐寫

註十九：　有許多表現開合韻的分化的顯明的例子從略，却不可忽略：讀者留心！

本唐韻却非原本，二〇一八不必要訂爲一書。

丙　高昌出土韻書資料補

一　德一旨止韻殘片八行

（另　印）　見附錄八

二　德一魚虞韻殘片五行

（另　印）　見附錄八

三　德一模齊韻殘片十行

（另　印）　見附錄八

四　德一文韻殘片上下兩段四行

（另　印）　見附錄八

五　德三刻本切韻書影

1 恩恨翰韻半頁

2 翰韻半頁

（另　印）　見附錄九

六　德三刻本切韻鈔

3 線韻殘片八行（翰韻殘字一附）

4 笑効韻殘片二十六行

5 効韻殘片二行

6 號韻殘片二行

（另　印）　見附錄十

丁　（1）普魯士學士院 JIV k75 韻書殘片釋

民國二十一年頭上，承海寧趙斐雲（萬里）先生借給我兩張韻書的殘寫本影片。那年三月二十二日晚上我把它過錄了，寫了一段後記：

右德國某博物館藏殘片切韻，共攝影二紙。　察其缺落邊廓，似書頁的對合者，非卷子也。　蓋所存韻字皆上聲韻，止韻以下相連數韻字：一紙起止韻六行，尾韻三行，語韻三行，末二行不可辨；一紙首二行不可辨，第三行起姥韻二行，薺韻四行，一行無字當爲齊韻之末，字在上截，斷缺不存，蟹韻二行，一行存小注"聲"字之半，當是駭韻"唉"字"飽聲"之"聲"字，賄韻存一行；適語姥二韻間斷絕，麌韻字失去耳。（以下的話現在認爲不對，這裏略去。）

十韻彙編已經收進，名稱叫"德"。我在彙編序文才說明，由日本武內義雄教授的敘述知道是普魯士學士院所藏列考克格林威德探檢吐魯番得到的資料。（註二十）我們只記了"原件大約兩面各存十三四行是下半截，有界闌，韻紐上無點識；"却沒有多加討論。

三十一年在昆明，向覺明先生鈔給我，柏林藏高昌出土韻書殘片兩種。向君有一行附記："所見尚有 J IV k75—100a 存廿一及廿四，已見武內文中稱引；又J IID1f 爲印本韻書二片，俱未過錄副本。"現在我把向君鈔錄的兩種分別補進德一和德三：德一是原鈔的（一）J IV k75，德三是原鈔的（二）J II D1c 。向君附記的 J IV k75—100a，我們已加入彙編序裏，現在編做德二。德一在彙編裏的材料，我們從向君記號碼的啓示，也找到在蟹韻下面有"T IV k75"的號頭，雖然顯著的"J"跟"T"不同，却也把它合在一起，好討論些。但是這 J IV k75 裏，我們把單獨注有號碼 J IV 70 + 71 的部分剔出來，列爲德五。另外有一種刻本韻書，列爲德四。

德一，現在共有兩個來源，我所見的材料如此：

（一）趙斐雲君借給我和武內教授送給我的同一材料，一片兩面，上文已敘過。

（二）向覺明君鈔給我的五片，計有——

（1）平聲九魚十虞一片，上截，存魚韻一個字，虞韻四行；

（2）平聲十一模十二齊一片，上截，存模韻三行，齊韻五行多；

（3）平聲十九文二片，上截存三行又一個字，下截存三行多；

（4）上聲旨韻止韻一片，中截，存旨韻六行，止韻一行又一個字。

這兩宗材料恰巧都有止韻，起初我以爲正好接上，因爲（二）之（4）存有止韻的"史"字反切"疎士"兩個字，以及字數的"三"字，而（一）的止韻正存著"史"字和注字的左上方。可是（一）的地位在最下端，與（二）之（4）在中間，却不相合；經

註二十：武內著唐鈔本韻書與印本切韻的斷片載日本東北帝大文化雜誌，王俊瑜君譯載二十五年十一月二十八日天津益世報讀書週刊二十六期。

過考慮，我認爲行欵縱不相同，內容應屬相同。 我們可以舉出相同之點：

1)許多字沒有注釋。	（一）史里裏李峙痔子恥滓屐踶啍稀魂隮呂㒵鼠鐢體禰洗泚 齜啓米妳買擺磦
	（二）（1）虞鍝無盂衢（2）逋鋪枯都闍穙齊低（3）文聞（4） 匕妣壘癸雉唯歸徵喜以
2)各紐收字記錄加字數與原字數。	（一）紀二加一，里八加一，滓三加二，禰四加三，泚二加 一，啓五加一，買四加一。
	（二）（1）虞十二加二，（2）逋四加八，枯三加二，穙五加 一，齊五加一，低十加三，（4）壘八加二。
3)注中與正文相同的字用ㄡ表示。	（一）僾俙騑旅脅醴醍鍡
	（二）(1)喁氍 (2)於鷑臍麡蠐緕氐磾鵜狴 (3)貧紜氛幩 (4)礧
4)有又音。	（一）第洗
	（二）（1）迃雩（2）闍詆騠（4）妣否

（一）項材料是葉子本兩面寫的，（二）項是不是葉子本或是卷子本不知道，但從虞齊文三韻提行的欵式看來，與（一）的情形應該相同，所以——

5)每韻起首提行。

因爲號碼的不同，我們分開了 70＋71 的一片，欵式情形却與上述五點裏 1 2 3 5 四點相合，這裏可以併起來討論； 70 ＋ 71 是去聲首頁，韻目有呂夏侯各家分合的注字，因此想見——

6)每卷卷首有韻目，韻目下面注切韻以前各家分合異同。

關於注各家分合異同的韻書特徵，截至現在，我們還只能當做"刋謬補缺"的系統。刋謬補缺切韻有了完整本子的國三，我們可以多知道許多問題，已經零碎的見於上文；連帶比較，知道這德一或德四韻數該是一百九十三，還是陸法言系統，後文說明，而關於紐次却可以肯定——

7)紐次是陸法言系統。

武內說德一的（一）項材料與英三比較，"多存新加字"而"注釋簡略"，以王仁昫刋謬補缺切韻序講"陸法言切韻，時俗共重，以爲典規，然若字少，復闕字義"

的話看，"恐怕注釋簡略之點是保存着陸氏原本的舊形。"他結斷說，如果把這個本子的新加字删去，彷彿是陸氏的原形。 我們似乎難於說陸法言的原本，何必做蘇東坡日喻裏的眇者呢？ 有一分材料做一分工，得一點證據說一點話！我們根據上列七點，敢於合併起 k75 和 70＋71 的兩個材料來，進一步也敢於講這一宗材料與英三國三兩宗材料相近，最後便自然的要找出這三宗材料的關係，也可能看到陸法言切韻的一星半點，但不妄想做陸法言切韻原本的夢。

先從收字看英三國三德一的情形，約略可以見到是英三＞德一＞國三的關係。就德一有紐首注字數的材料列舉如次：

英三	德一	國三	
廣十二	廣十二加二	廣十七	—1
傭十六	□十六	傭二十五	—2
逋四	逋四加八	逋八	—3
枯三	枯三加二	枯七	—4
都三	都三	都四	—5
穫五	穫五加一	穫六	—6
齊五	齊五加一	齊七	—7
低七	低十加三	低十七	—8
文十一	文十一	文十二	—9
匕六	匕六	匕八	—10
壘八	壘八加二	壘十	—11
癸一	癸一	×	—12
否五	否五	否七	—13
蕊一	甤一	蕊一	—14
唯四	唯五	唯八	—15
跽一	跽一	跽一	—16
歸一	歸一	×	—17

徵一	徵一	徵一	—18
喜一	喜一	喜一	—19
史三	史三(以上二之(1)至(4))	史三	—20
(缺)	貢四加一	貢八	—21
(缺)	糉四(以上德五附入)	糉五	—22
紀二	紀二加一	紀四	—23
里九	里八加一	里九	—24
峙五	峙五	峙六	—25
俟二	俟二	俟(在士紐，士七。)	—26
子四	子四	子七	—27
剌一	剌一	刺二	—28
滓四	滓三加二	滓三	—29
扆五	扆五	扆五	—30
韙九	韙八	韙九	—31
豨三	豨一	豨三	—32
𪖐(在豨紐)	𪖐一	𪖐(在豨紐)	—33
磈一	磈一	磈二	—34
膭一	隤一	膭二	—35
呂九	呂九	呂十二	—36
體三	體三	體六	—37
禰四	禰四加三	禰十	—38
洗一	洗一	洗一	—39
泚二	泚二加一	泚三	—40
啓六	啓五加一	啓九	—41
米四	米四	米六	—42
陛三	陛三	陛四	—43
妳一	妳一	妳一	—44

𢷎一	㧖一	㧖一	—45
買四	買四加一	買五	—46
擺一	擺一	擺一	—47
矮一	矮一	矮二	—48
𥗽九	𥗽八（以上一）	硍十二	—49

這四十九個紐首，國三脫掉兩個，併去兩個，又有兩個只是兩種材料，實在四十三個例子，我們可以分別觀察出些事實：

1)德一加字的紐原數多與英三相同，(10/43) [1.3.4.6.7.11.23.38.40.46.]

2)國三是"加字朱書"的一種體例，今本已非原狀，字數中間包括了加數，多半比英三德一要多些，其中又分：

一，德一原數同英三而後加字總數比國三少；(5/43) [1.4.7.23.38.]

二，德一與英三同數而國三加多；(15/43) [2.5.9.10.13.25.27.28.34.35.36.37.42.43.48.]

三，國三與英三同數而比德一多；(2/43) [31. 32.]

四，德一原數同英三而後加字總數同國三，就是比英三多；(4/43) [6.11.40.46]

3)英三德一國三遞有增加，（指無加數的）(1/43) [15]

4)國三多於英三，而英三多於德一，(1/43) [49]

5)德一原數同英三，而後加字總數同於國三，(4/43)(與2)之四同) [6.11.40.46]

6)德一加字與英三國三相等，就是英三國三相同而比德一原數多，(1/43) [24.]

7)德一原數同國三，而後加字總數多於英三，英三本多於國三，(1/43) [29.]

8)德一原數多於英三，而後加字總數少於國三，(1/43) [8.]

9)德一原數同英三，而後加字總數多於國三，(1/43) [3.]

10)德一原數不同英三，而後加字總數等於英三，少於國三，(1/43)[41]

11)英三德一國三相同。(10/43) [14.16.18.19.20.30.39.44.45.47.]

這裏可以粗略的知道國三比較晚出，它收字多些，而紐首字幾乎都有注訓。 上面表列的字下有•的，表示各紐首字無注訓只有反切和字數（講字體的不作注訓論），我們得到的比例數是——

英三　14/43　　德一　36/43　　國三　4/43

可是我們倒不能因爲德一比例數大而斷定它最早。　國三是所謂王仁昫的著作，英三題名切韻，著者還沒有肯定，德一注釋幾於大部分跟英三相同而國三也顯然承襲下來。　我們得連帶的看一看英一，先把英三來比較一下：

	亥	啡	採	等	穲	在	倍	軨	蠢	膞	准	笱	愍	牝	殞	窘	紖	颽	引	忍	矧	緊	螼	泯	腎	䜣	盾	吻	粉	忿	惲	隱	亂	阮	遠
英一	1̣	1	4̣	1	1	?	2	8̣	2		3̣	3̣	4	2	2	4	2	1	2̣	3̣	2	2̣	1̣	5	3̣	1	1	3	2̣	1	3	5̣	1	1̣	1̣
英三	1̣	1	5̣	1	1	1̣	2	9̣		3	3̣	3̣	4	2	2	4	2	1	3̣	3̣	2	2̣	1̣	5	3̣	1	1	3	2̣	1	3	5̣	1	1̣	1̣

	漣	产	懣	反	晅	混	忖	本	損	劊	穩	囤	鱒	鯀	骸	畽	閫	獖	佷	墾	旱	緩	饌	椀	叛	疃	伴	坦	亶	孏	滿	笴	散	瓚	罕
英一	?	1	3	4	3	8	2̣	3̣	4̣	3	1	4	1	4		2	4	2	1	3	2̣	2̣	2	1	2	1	?	1	1̣	1̣	1̣	4	2̣	?	2̣
英三	2	1	3	4	3	8	2̣	3	4̣	4	1	4	1		4	2	4	3	1	3	2̣	2̣	2	1	2	1	1̣	1	2̣	1̣	1̣	4	3̣	1̣	3̣

	偪	侃	潸	綰	板	酢	赧	僩	睆	阪	矕	醆	齗	莞	產	限	䞣	簡	剗	棧	眼	齴	銑	典	蠒	繭
英一	1̣		1̣	1̣	1̣	1	2	1	2	1̣	1	1	1̣	1	4̣	4̣	1	4	3	4	1̣	1̣	5	2̣	5̣	
英三		1̣	1̣	1̣	2̣	1	2	1	2	1̣	1	1	1̣	2̣	4̣	4̣	1	4	3	4	1̣	1̣	5	2̣		5̣

這裏凡英一殘存的材料，英三幾乎相同，注訓可算沒有變異，大約是先後不同的兩個本子，英三略多一兩個字以及一兩處講字體或注訓字的音的地方。　我們不能不奇怪，何以王國維訂定英一是陸法言原書，而要說這是長孫注節本？他說英一"韻字視他二種爲少，注亦最簡，"英三既然和它相同，那些加字和稱案的地方很順理成章的是比較英二更接近英一的了。　我想王氏是被英一款式與英三不同而發生錯覺，以爲英三要比英一多而加繁；又因爲英二與英三款式相類，想出個"先有箋注再有節注"的解釋來。　我們已經分析過加字問題，在本文乙（5）節；王氏提出的英三有"長孫訥言本所加字，而紐首不注加△字，又不存長孫案語，"案語暫不討論，加字就上面英一英三對比的說，九十二紐裏只有九紐增加了，不注的道理可能是"加字朱書，"否則是據本已經加了。　如果說據本已經加了，對於王氏列舉的十五個字"皆注云新加，"就可以解釋是著者在據本以外新加的。　我們試查英三比英一增加的九處：

（1）採紐　英一，四，殘缺。　英三，五：採采綵寀彩。

（2）軨紐　英一，八：軨縝胗畛賑……　英三，九：軫縝胗畛賑鬒稹紾眕

（3）蠢紐　英一，二：蠢膞。　英三，三：膞蠢踳。

(4) 引紐　英一，二：引蚓。　英三，三：引蚓釿。

(5) 劕紐　英一，三：劕噂薵。　英三，四：劕噂薵僔。

(6) 獖紐　英一，二：獖笨。　英三，三：獖笨体。

(7) 亶紐　英一，一：亶。　英三，二：亶癉。

(8) 散紐　英一，二：散饊。　英三，三：散饊繖。

(9) 板紐　英一，一：板。　英三，二：板版。

王氏舉的十五例：（新加的字下面加一。）

(1)卷紐　英三，四：卷卷棬鬈。

(3)寧紐　英三，二：寧甯。

(4)銛紐　英三，八：銛暹枮綅戳襳纖思。

(8)伐紐　英三，八：伐筏罰閥垡撥坺瞂。

(10)列紐　英三，十二：列迾蛚鴷烈洌冽裂茢颲鴷鴷。

(13)碧紐　英三，一：碧。

(15)？紐　英三？：鼊。

(2) 高紐　英三，十二：高膏羔皐餻橰櫜咎鼛鶾槔纛。

(5) 靜紐　英三，五：靜睜彭竫竫。(67合)

(9) 歃紐　英三，一：歃。

(11) 輟紐　英三，四：輟啜惙剟。

(12) 的紐　英三，三：的艗戹。

(14) 鍺紐　英三，十一：鍺逫蓍媎踏幍韜翻諜佁謷。

這些都不能證明王氏“有長孫訥言本所加字”之說。　我們取英二英三相同的地方再看：

(1)蛩紐　英二，六加一：蛩卭桏筇輁茾碧。

　　英三，六：　口卭桏筇輁茾。

(2)窓紐　英二，三加一：窓稯樅窻。（按當為三加一，王寫作二加一。）

　　英三，三：　窻稯樅。

(3)鄒紐　英二，三加一：鄒趨騶鯆。

　　英三，三：　鄒趨騶。

(4)墀紐　英二，六加一：墀坻泜遲蚳阺謘。

英三，六：　　坶坻泜遲蚳呧。

(5)私紐　英二，二加一：私鋖菘。

英三，二：　　私鋖。

(6)梨紐　英二，七加三：梨剓樆梸蜊蔾黎黎蔾蔾。

英三，七：　　梨剓樆梸蜊蔾梨。

(7)㸚紐　英二，三加一：㸚緌桵㵂。

英三，三：　　㸚緌桵。

(8)綏紐　英二，六加一：綏雖荽浽睢桵夂。

英三，六：　　綏夊雖浽睢桵。

(9)邳紐　英二，四加一：邳岯魾額鉟。

英三，三：　　邳岯魾。

(10)鎚紐　英二，三加一：鎚槌顀瑰。

英三，三：　　□搥顀。

(11)飴紐　英二，十二加一：飴怡圯貽頤詒瓵宧洍胣鮐妃洍嫛。（按當爲加二。）

英三，十二：　　飴怡圯貽頤詒瓵宧洍胣鮐姬。

(12)其紐　英二，十八加一：其期旗萁騏碁琪綦麒淇鵋藄錤基璂鯕祺綨碁。

英三，十八：　　其期旗萁騏碁琪綦麒淇鵋藄錤基璂鯕祺綨。

(13)釐紐　英二，七加二：　釐貍氂犛嫠棃斄慈。

英三，七：　　釐貍氂嫠犛梩斄。

(14)茲紐　英二，九加一：　茲孶嵫孜滋嗞鼒鎡鶿鰦。

英三，九：　　茲孶嵫孜滋嗞鼒鎡鶿。

(15)居紐　英二六加一：　居据裾琚腒鶋涺。

英三，六：　　居据裾琚腒鶋。

(16)渠紐　英二，十三加一：渠蘧璩璩磲蕖籧籧渠醵腒鸏鼩豦。

英三，十三：　　渠蘧璩璩磲蕖籧醵籧渠腒鸏鼩。

(17)鋤紐　英二，一加一：　鋤𫇌。

英三一：　　鋤。

現在完全反證了王國維的說法，英三既與英一注訓相同，又沒有英二的加字，英二要比英三晚些。 如果英一是陸法言原書，英三必得也是根據原書寫的，英二又可能根據英三寫的。 這樣，德一既然跟英三相同，就得與英一也相關，再加分出去的德五特點所顯示的韻目注各家分合的"刋補系統，"我却敢於把二十一年三月二十二日鈔寫德一材料之（一）的後記後段提出來加以修正，而有所補充：

此韻書反切及字類次序，與今廣韻同，惟收字視廣韻少，訓釋亦簡。 王觀堂說廣韻部類乃李舟切韻之規模，此豈舟韻之遺與？

在上文我因爲說法有些不對沒有錄出，不對的是太簡單輕率的說成舟韻之遺。 我們應該綜合論定英一英三再說。 英一英三自從王氏鈔印以來，各家的考證都差不多承認一是陸法言原本，而三的說法很不一致，中間夾了個二也比較說是長孫訥言箋注的多。

	第一種（英一）	第二種（英二）	第三種	
王國維說民十	陸法言原本	長孫訥言箋注本	長孫訥言箋注本刪去按語者	寫本自跋又載觀堂集林
丁山說一民十四	如以加字者爲長孫氏則或是伯加本如以加字爲伯某則可定爲法言原本	自東至之七韻皆長孫箋注原本魚韻而後非傳鈔裴務齊正字本即節錄王仁昫刋謬補缺切韻	增訂長孫箋注者決非長孫本節本	跋文載北大研究所國學門週刋及中山大學語史研究所週刋
丁山說二民十七	（同上）	（同上）	孫愐切韻之節本	續跋載中山大學語史研究所週刋
董作賓說民十七至十九發表	（同王說）	長孫訥言箋註本	郭知玄朱箋補正本	跋文載中央研究院史語所集刋一本

方國瑜說民二十	切韻原本	長孫本	長孫訥言以前本	跋文載女師大學術季刊
蔣經邦說民二十二	（同意王說）	長孫氏箋注本	‘‘伯加仟一字’’本即長孫氏箋注之藍本	跋敦煌本王仁昫韻載國學季刊四卷三號

我們覺得方蔣兩君對於英三的時代斷定在英二之前是極有道理的。 現在倒不在乎確定這失考著者的韻書著者是誰，而要緊的是講明白這些韻書先後關係來證斷德一的地位。 根據上文，英一英三相承，德一英三相同，英一當分出英三德一兩支；德一有德五證明是刋補系統，所以國三和它相承非常自然；英二有按語是箋註系統，應該和英三相承；

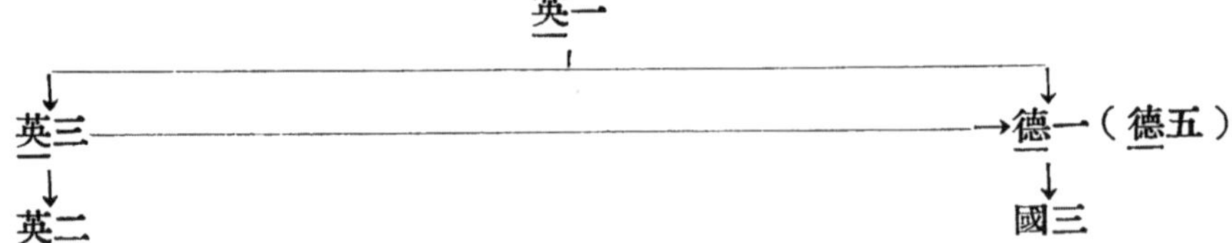

又根據本文乙（5）節討論加字的現象，知道英三特有‘‘新加’’注字而無普通加字記數；國三‘‘加字朱書，’’也只是成了一個考證上的痕跡而已。 依我前面排列的幾種韻書本子的關係表，分出ㄅㄆㄇ三類，英三該是兼ㄇㄅ兩類而國三該是ㄆ類。 那ㄇ類國一存在的去聲韻數，與ㄅㄆ兩類不同。 德一去聲殘存韻目有‘‘四十六宥’’‘‘五十艷’’‘‘五十四陷’’三韻；國一宥該四十九，艷五十三，陷五十七；德一便不是唐韻系統；國三宥四十六，豔五十，陷五十四，德一就完全同於王仁昫刋謬補缺切韻系統；英三存上聲，按次排比，去聲的宥豔陷合於這個系統，表示出德一既同於國三的系統，也就是英三與國三同樣，算同一系統的，因為德一同英三。 德五韻目和一送之間的行欵，我們明白看出韻目只有五十六，因為送韻開始是‘‘送風貢’’三紐，現在殘存貢紐上面鳳紐的反切，‘‘鳳’’字以及‘‘送’’字全文都該在前一行‘‘五十四陷’’的下方。 這些，我們可以知道德一是最早的刋補系統的韻書，韻數還只有一百九十三；

如果就是王仁昫的著作，那時代之早可以早出英二所謂長孫訥言箋注之前，當然與李舟無關。　最後，我用一表表示德一的地位：

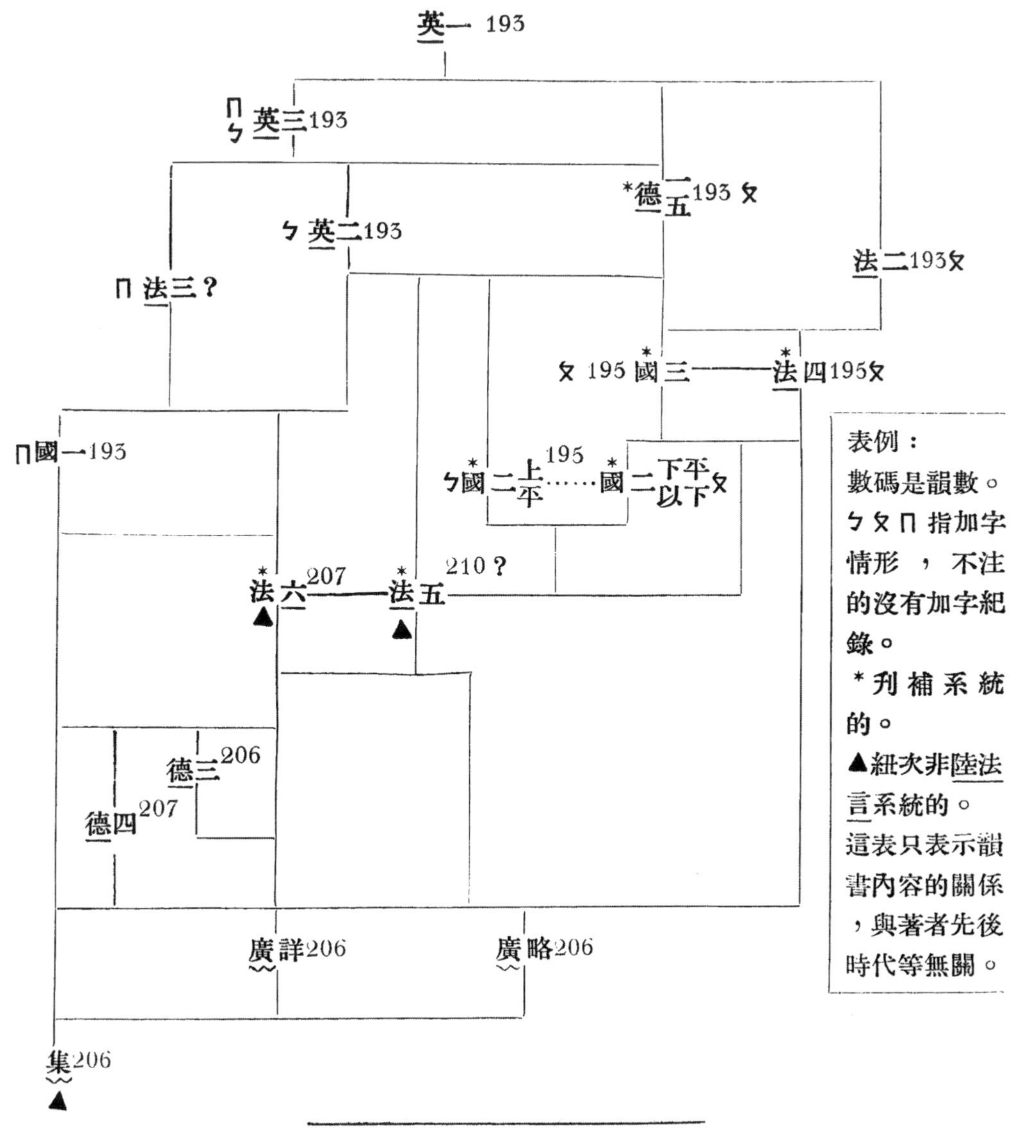

丁　（２）普魯士學士院 J IV 70＋71 韻書殘片釋

這是德一（二）材料裏面分出來的，編號"德五"，殘存上截五行。主要討論的話已經併在德一裏說了。　我想藉這一個節目說說刋謬補缺切韻範圍裏的幾個問題：

1)韻目下面的陸韻以前各家分合異同注字是誰的？

2)幾個有陸韻以前各家分合異同注字的韻書與“刋謬補缺”題名的關係怎麼樣？

3)本韻書是刋謬補缺系統的哪一類？

我們發現刋謬補缺切韻，從國二材料起。國二給我們的印象是韻次的大變動，究竟價值如何要看出發的觀念才好說。書裏內容儘管雜湊，客觀表現的事實也有一些用處，例如各卷卷首的韻目注字，只平聲上有四韻，和後來見到的法四國三比，都顯得少了幾韻，說是著者（也許是鈔手）淺陋，恐怕失之抹殺。這一部材料妙在留了一些雜湊的痕跡給我們，並且雜湊的程序和改編的步驟都淸淸楚楚。我們看到的改編步驟是：

一）韻次有計劃四聲一貫的改編了；（註二一）

二）韻目用字有意的改歸四聲同紐；（註二二）

三）韻目注字在改編之中，平聲下看不到了，上去入都還沒有寫定，平聲上才寫定；（註二三）

四）紐字收韻已有些改動。（註二四）

現在我們可以綜合韻目注字的材料來做個討論，一則說明上面講國二改編步驟三）的意思，一則解答問題1）的主人。我們覺得韻目注字說各家分合異同的不是陸法言的。所有有陸法言序和韻目的材料，我們得不到這種注字相連不可分的印

註二一：這一點，我已經在十韻彙編序末了說“由韻次看系統”的一段上指出來了。最有趣味的，入聲藥鐸德固然跟著陽聲江陽登的遷移而改排到前面了，而昔麥（格）却留下一個痕跡，未因跟陽聲耕淸相貫而移動。這給我們很大的啓示，知道韻次改編不是沒有計劃的。

註二二：如“送”改“凍”，與“東董”同紐；“用”改“種”，與“鍾腫燭”同紐；“怪”改“界”，與“皆”同紐；“隊”改“誨”，與“灰賄”同紐；“咍”改“臺”，“海”改“待”，與“代”同紐；“殷隱焮”改成“斤謹靳”；“靜勁”改“請淸”，與“淸”同紐；“感勘合”改“禫醰沓”，與“覃”同紐；“敢盍”改“淡蹋”，與“談”同紐；都顯得是有意的改動。還有並沒有改的和改了並不合同紐的，容另論。

註二三：這一點下文要分析的說明，請參看。

註二四：如“豈扆幾”三紐改收止韻，“碧”紐改收格（陌）韻，“婦缶”兩紐改收厚韻，“險檢儉奄貶頊”六紐改收广韻，又“鄠”字由東分入冬，反切還用“數隆”；略舉例如上，我們不能否認這些不是著者的有心改編。

象，如法二英二。 法一有孫愐序，也沒有這種注字。 有這種注字的是國二，國三，法四，德五。 這幾種材料的前三種都明白跟"刋謬補缺"這名目相連，載的序文陸與長孫看來都是陪襯，所以各佔一種，而兩種裏却總少不了王仁昫的序。 王仁昫與刋謬補缺切韻離不了關係，還加法六有李舟的可能。 我們已經知道陸韻在唐朝初年有兩派演變：一是王仁昫一派的刋補，一是長孫訥言一派的箋注。 傳本多半是箋注方面的，箋注的精神應該不改原來面目，如法二英二之類，我們可以相信去陸書本色不遠。 如果陸本就有注字，不能一種都不留存，因此我們得相信刋補系統的韻書才注意這分合而加注解。

有韻目注字的只有國二，國三，法四，德五在卷首韻目下面的一種。 德五殘存的部分與法四國三相同。 倒是國二只有上平韻目冬脂眞臻四韻有注，與國三（法四缺）比來，少皆灰殷元魂刪山七韻的注，我們就得研究一下： 如果是著者雜湊，下平以下拿沒有注的材料拉進是可以講得通，現在上平部分却又不是全有注字，似乎不是上平部分整個照鈔湊合起來的了；脂與眞之間有皆灰，縱然臻以下可以說是沒有再鈔，而這中間部分何以會跳去了呢？正因爲國二是雜湊來的材料，上聲以下的部分分明不是刋補系統的，韻目只有音反的注字，如范下云"無字反，取凡上聲"，我們更可以得到一種分別的線索。 法四國三都作："符山反，陸無反，取凡之上聲，失。"我們無絕對理由說王仁昫見到的陸法言切韻與長孫訥言不同，而搪塞長孫不傳陸法言注字的漏洞；只能看到國二是王本中間較遲的，正在進一步變更王注，所以上平十一處注字只有四處了。 否則，我們假使承認一些主張王韻後起的說法，也只有更要承認長孫本在王本之後刪落陸注，才覺合理。 如果這種各家韻部分合異同的注是法言原本，不應只存在刋補系統的一派書裏。 像紐次的問題，我們已經明白各派都承襲陸氏，韻次韻數也有可以分別的憑據，這注字裏的陸氏本文與各家分合異同是要辨別淸楚的。 例如冬臻兩韻都有"無上聲"的注字，像與范韻"無字反，取凡上聲"一樣，我們不能因爲這就說那些也是陸本。 我惟一理由，這些要以長孫系本王本共同印證才敢說定。 英三腫韻不收湩字，必是陸本之舊，國三湩下王注已是加字，我們很難從已經雜有加字的後來的本子斷定。 所以，用王本和長孫本比合了看，我們也覺得韻目分合異同的注字不是陸法言的。

刋補系統的各本，有不注異同的如法六，不過注在卷首的比較的多些。 我們也可以從英二英三法二的體裁論定，如果是陸氏原注，一定會存留在各本裏的，若是不見於各本，至少說陸氏本不注分合異同才自然合理。 陸氏自序說呂靜夏侯詠陽休之李季節杜臺卿等"各有乖互"，敦煌各本只此五家，澤存堂本和古佚叢書本廣韻錄載却多周思言一家，我們得認淸這是法言泛說的，所以既可多一周氏又用"等"字賅括了許多家。 序中下文記魏澹"謂法言曰，'向來論難，疑處悉盡，何爲不隨口記之，我輩數人定則定矣'；法言即燭下握筆略記綱記。" 乍看好像這五家分合異同便是論難的疑處似的，其實他們論的是"南北是非，古今通塞，"並非專限於五家的乖互。 而且在後十數年，才"取諸家音韻古今字書，以前所記者，定之爲切韻五卷，剖析毫釐，分別黍累"，他似乎不僅限於五家分合異同。 我們不妨說陸法言所記的綱紀是顏外史蕭國子所決定的些"握選""除削"之點，也許各家分合異同的從違就包括在內，可不一定有這些注字。 從法言追記的情況，我們不能坐實他必然要注這五家的異同。 我們還只有歸在王仁昫刋補系統的下面。

五家韻部分合異同既是王仁昫的注，所以國二上平部分的記錄才會有些刪略。我們應該承認寫這本的人已經（1）改編了韻次，（2）改用了韻目，（3）正又把法言原本跟仁昫注本攙和起在寫定，所以——

1)國三（法四同）的韻目代表法言系統加了仁昫刋補的，而德五去聲還透露了只是法言系統；

2)國二沒有國三法四刋正陸失的注，而直接改過了。

前一事表示出國二的改變仁昫面目，後一事表示仁昫面目與法言的分辨。 我們試把國三法四刋正陸失的注和國二對比一下：

韻	字	國三	法四	國二
歌	鞾	鞾鞋無反語	鞾鞋無反語	希波反
		火戈反又希波反	胡屩亦作靴或作屧	鞋俗作靴
		陸無反語……古今	火戈反又希波反	
			陸無反語何口誣於古今	
广韻目		虞掩反陸無韻目失	虞掩反陸無此韻目失	虞掩

韻字	虞掩反崖室又音儼	虞掩反崖室又音儼	魚儉反崖室又音儼室屋
范韻目	符凵反 陸無取凡之上聲失	符凵反 陸無反取凡之上聲失	無字反取凡上聲
韻字	苻凵反人姓又草 陸無反語取凡之上 聲失	符凵反人姓又草 陸無反語取凡之上聲失	無反語取凡之上聲 亦得符凵反 說文作從水又姓也
腫 湩	都隴反濁多 此是冬之上聲 陸云冬無上聲何失 甚	（缺）	竹用反乳自出汁 又都貢反 又磔巷 （腫韻作種）
紙 輢	於綺反車騎 陸於倚韻作於綺反 之於此輢韻又於綺 反之音既同反不合 兩處出韻失何傷甚	（缺）	車輢陸本別出
止 汜	音似者在成皋東是 曹咎所渡水	（同國三）	江有汜又水名在河南城皋縣東 曹咎所度水處
	音凡者在襄城縣南 汜城是周王出居城 曰南汜	（同國三）	又符嚴反在潁襄城南汜城造周 王出居城曰南汜是
	音匹劍反者在中牟 縣汜澤是晉伐師于 汜曰東汜	音匹劍反者在中牟縣汜 是晉伐鄭師于汜曰東汜	又敷劍反在滎陽中牟縣汜流入 河汜澤是晉伐鄭師于汜曰東汜 是詩曰江有汜美媵也
	三所各別陸訓不當 亦作洦字	三□各別陸訓不當故不 錄亦作洦	
隱 巹	瓢酒器婚禮用酌濁 酒	瓢酒器婚禮所用 陸訓巹敬字爲巹瓢字俗	（缺）

		行大失	
阮　言	語偃反	語偃反言言脣急陸生載此言言二字列于切韻事不稽古便涉字祆留不削除庶覽者之鑒詳其謬	（缺）
嚴韻目（去）	魚淹反陸無此韻目失	魚俺反陸無此韻目失	魚欠
韻字	（無）	魚淹反嚴酷	魚欠反嚴切又魚炎反
遇　足	添又資欲反	案緅字陸以子句反之此足字又以卽具反之音旣無別故併足	卽具反添也又之欲反
屑　凸	肉高起	陸云高起字書無此字陸入切韻何考研之不當	高起
洽　凹	下或作咨	下或作咨正作[illegible]案凹無所從傷俗尤甚名之切韻誠曰典音陸采編之故詳其失	下也亦咨

這些例子顯然證明國二底本近於陸，而有些已照王改過，是大部分保存著陸氏面目的，並且比較不是主觀的批評，而相當客觀了，如"𩋾"字條。　旣然國二保存陸氏面目的地方不少，同時又有參考王說的痕跡，如果這種注字是陸氏原本所有，我想著者不會不保存的。　如今只注了冬脂眞臻四韻，我們可以解釋做著者經過有一番自然的周折。　什麼周折呢？看著者改編韻次的第一點，把陽唐韻移在江韻之後，陽韻注字就沒有寫。　他改編韻次的第二點，把佳韻移在下平歌韻之後，下面皆韻灰韻注字也就沒有寫。　他又改用韻字，第一個咍韻改臺韻，第二個殷韻改斤韻，因此殷韻注字便沒有寫。　再往下，移走了元韻而改編來登韻，又把寒韻提上魂韻前面，魂韻

的注字也就沒有寫。 從此下平以下也就都沒有注了。 下面各卷韻目音反無疑的是陸氏原本和王氏加本，所以上聲范韻目依照陸本而广韻目依照王本。 這僅有平聲四韻注字，可巧又是陸王混合的。 我明白的分開：——

1)講音反的注是陸法言的；

2)說各家分合異同的注是王仁昫的。

由於這個觀點，我們很自然的認識：

1)有各家分合異同注字的韻書可能都要歸到王仁昫刋補系統裏；

2)有刋補題名的韻書却不一定是王仁昫的，也不一定有這種注字；

3)注各家分合異同不能是開創切韻的體例，陸法言以後的人才看重這點的，德四注在韻首可以參證。（註二五）

國三嚴韻有目而無本韻，啓示了我們明白本書（德五）殘存韻目的行欵沒有嚴韻是可能的，因此我們不妨再回到上節的最後的表上去看並且結斷說：

1)德五和德一是王仁昫刋謬補缺切韻最早的殘本；

2)國二不是王仁昫刋謬補缺切韻，而是另外衍化出來的一種系統；

3)法四該是緊接在德五德一後面的本子；

4)國三比法四還要晚，雖然收字差不多，而訓注鈔寫脫漏的厲害。

丁　（3）普魯士學士院 JIID1c 韻書殘片釋

十韻彙編序敘述韻書資料（八），當時發表了一張書影，從武內教授得到的，後來找出他寄來的另一張，現在與周祖謨君廣韻校勘記所用的合起來，再加上向覺明君鈔給我的 JIID1c， 總稱德三。 向君注記 JIID1c 說：“印本韻書，原本反裱。”周君鈔本錄有原號：

JIID1a　恩恨翰韻*

JJID1b　翰韻（板心刻“切韻”）*

JIID1b　線韻號韻（碎片）

註二五：殘存寒韻桓韻，桓下注：“陸入寒韻，不切，今別桓。”這是孫愐唐韻。

JIID1d 笑効韻

JIID1c 効韻 笑効韻（向鈔資料，應拼補在上一項後段。）

這些碎片，只有武內送給我的兩張照片最完整，可以做比較研究的中心。（加＊的部分。）

全部材料從有韻目的叙數"廿七恨""廿八翰""卅六効"說，無疑的已是孫愐以後的系統，並且可以歸到廣韻範圍。但是這不是廣韻，今傳詳註廣韻並沒有這書收字多：

慁韻 寸紐 寸鑴 德三 2

寸鑴 廣韻 2

坌紐 坌㪔湓捹 德三 4

坌×湓× 廣韻 2

顐紐 顐暉 德三 2

顐×諢 廣韻 2

論紐 論睔溣碖錀 德三 5

論×溣碖× 廣韻 3

奔紐 奔 德三廣韻同 1

惛紐 惛 德三廣韻同 1

焌紐 焌鐏捘 德三廣韻同 3

恨韻 恨紐 恨 德三廣韻同 1

艮紐 艮莨珢詪□ 德三 5

艮莨珢詪× 廣韻 4

饐紐 饐饐 德三 2

饐× 廣韻 1

饚紐 饚 德三廣韻同 1

翰韻 翰紐 翰捍攼䯿扞螒垾豻釬銲汙悍瀚閈皲騂□□□鶾……

（缺） 德三 29

翰捍扞䯿螒垾豻釬騂輆鶾馯蘒脌忓玕矸䩚㪋鵗 廣韻 25

旰紐	存末二字衎衎	德三
	十一字末與德三同	廣韻
岸紐	岸銲犴□騂雁顴𡸓喭	德三 9 存 8
	岸犴豻頇騂贗𡸓喭騂	廣韻 9
侃紐	侃偘靬看衎□	德三 6 存 4
	侃偘靬看衎鶡	廣韻 6
漢紐	□灘暵曔熯罕□灘𣝋厂	德三存 8
	漢曔暵熯罕𨅝灘𣝋厂	廣韻 9
爛紐	爛………欗鑭讕	德三存 4
	爛爤瀾𢒼欗鑭讕	廣韻 7
攤紐	攤灘難儺𩕼幔	德三 5
	攤灘難儺𩕼㦨	廣韻 5
粲紐	粲㛑燦璨𧄍𢒼𪇖□	德三 8
	粲㛑燦璨𧄍𪇖	廣韻 6
繖紐	□散𢿏㪔□□	德三 6 存 3
	繖𢿏散㦂𩋬𢿏	廣韻 6

拿國一來對比，知道紐次跟德三廣韻一致，而德三和廣韻又間有紐的增加，字數比例如次：

	寸	坙	顐	論	奔	惛	㛮	恨	艮	鎧	饐	翰	旰	岸	侃	漢	爛	攤	粲	繖
國一	1	1	1	(1)	(1)	1	×	1	2(1)	×	×	15(1)	6	6(2)	3	5(1)	3	3	4(1)	2
德三	2	4	2	5	1	1	1	1	5	2	1	29	?	9	6	?	?	5	8	3
廣韻	2	2	2	3	1	1	1	1	4	1	1	25	11	9	6	9	7	5	6	6
國二	1	1	1	×	×	×	1	1	1	1	1	17	4	7	3	4	7		3	3
法四	2	2	2	1	1	1	×	1	2	1	×	19	6	7	4	8	3	5	4	4
國三	2	4*	2	1	×	×	×	1	2	1	×	19	5	7	5	8	3	5	4	4

（表裏面加字，外加括弧。）

*國三坙紐注四字，實爲二字，鈔寫有脫落。

我們順便拿刋補系統的材料加入比較　結果很顯著的看出來德三與法四國三相當接

近。 可惜國三全紐有脫漏，否則如果把廣韻所無的德三內容印證出來，多麼可樂！國二爛攤紐混合而又有脫誤，是不十分可信。

全部材料引書不少，與廣韻不相上下，還有廣韻沒有引的：

1 家語 恩寸 2 說文 恩蔽 3 周禮 恩烗 4 左傳 翰翰 5 尚書 翰玫 6 爾疋 翰驗 7 玉篇 翰滅 8 姓苑 翰粲 9 續漢書 綫釧 10 漢書 笑少 11廣志 効豹 12風俗通 効豹 13潘岳閑居賦 効礮 14說苑 恩寸 （有——的表示廣韻所無。）

這些零散現象告訴我們：

1)韻書韻數儘管分化增加，韻紐韻字可能還很少，如國一；

2)韻書韻數也許還沒有改編，韻紐韻字儘可以擴充增多，如法四；

3)韻書韻數分化增加，同時韻紐韻字也增加，可能後來有些又刪減了，如德三之於廣韻；

4) 增韻增紐增字都是刋補的範圍，所以德三一面韻數是孫愐唐韻以後的系統，而一面韻紐韻字又是王仁昫切韻的系統，它刋刻的"切韻"名稱，實在幾乎全同於廣韻；

5)從書誌學的觀點看，這切韻該與廣韻據本同爲宋初的雕版。

本文可算做了八篇韻書題跋，現在該綜合的說一下。 我很高興的要用十韻彙編出版以後的國內學者研究的提示做這綜合說明的依據！那就是燕京學報二十六期陸志韋先生的唐五代韻書跋。 志韋先生的工作，我們對於他第一等的方法該特地接受，因此第壹部分可算毫無問題，所以他對"體例上的大分別"說：

> 總括的說，唐五代的韻書的小韻只有兩系統。 一是切三（按卽本文英三）的系統，也就是隋唐的舊系統。 我們沒有理由說陸法言的體例不就是這個。 二是王一（卽本文法四）的系統，也許就是王仁昫的'刋謬'格式。 廣韻所根據的是舊系統。 五代刋本甲——丁(按卽本文法六)的系統是切三，王一的大混雜。 切二，王二補（按即本文英二國二）的系統不妨說是切三的支流。

大體與我們所分"箋注""刋補"兩大派相合；只是最後他一句話："近來有人把唐朝韻書的體例和五代的互相對比。 從小韻的注解看來，這問題不能成立。" 情知這個"有"的"人"，我應不免！本文似乎更增加了些對比的分量，却自詡比了一陣子可印證他"沒有義訓的小韻"和"用'也'字的多少"兩節的結論：

1)德甲乙（按即本文德一德五德二）應當是年代很早的著作；

2)切一（按即本文英一）和切三百分數上沒有很顯的分別，不妨說是同時代的作品；

3)切二與切一同類；（他沒有說到與切三前後的問題，本文已訂切二在後；）

4)殘卷（按指英一二三）一定比唐韻（按指國一）爲早；

5)王一的體例和五代和宋朝的刋本相彷彿；

6)王二全書寫定的年代晚；

7)韻書義訓漸漸的加多，五代刋本登峰造極；

8)王一和刋戊體例相同；

9)韻書先後的年代是：切一切三德>切二>王二唐韻>王二補>廣韻，而刋本甲一丁祖本斷不是這系統；

10)王二上聲是和平聲，去入聲在不同方面發展的本子。

除了上面提出來的，就是我們之間的講法不同或是我沒有討論的了。我根本覺得與志韋先生不同的地方在於對"小韻注解"的地位看得次要而活動些。其次，我對於字數一點，也並不主張掐算的，志韋先生第貳部分的討論我就暫無意見了。(註二六)最後，他第叁部分"論切韻殘卷"，第肆部分"論蔣本唐韻"，第伍部分"論兩本王仁昫刋謬補缺切韻"，正是上面十條相貫的一串解釋。本文爲的解釋十韻彙編補充資料，恰巧也連到切韻殘卷和蔣本唐韻以及各本王韻。我們對於三殘卷的意見幾乎完全一致；蔣本唐韻(國一)我在討論法三加字問題說到，以爲是廣韻前最靠近的本子，却比較簡略，沒有具體，但是可算沒有兩樣；至於各本王韻，我另有專文討論，本篇有零碎說到的，想志韋先生所論的也得因三十六年故宮新印完整本加些考慮。陸君原作已經發表了快十個年頭，最近才能看到，仔細的觀摩，增加了勇氣不少；幾年來草草做勞人，最近又得離開北平一個短期，就這樣結束了本文吧！

中華民國三十七年九月十四日寫成，勝利後回平返校的三個月零二十天。

註二六：如國三與法四計數全同，內容並不相符，我感覺無從捉摸。

附錄目錄：

一、敦煌石室五代刋本韻書下平韻首二十五行（據姜亮夫君鈔）

二、敦煌石室五代刋本韻書下平卅三宵卅四肴十三行（據姜亮夫君鈔）

三、伯希和二〇一六（法一）寫本韻書十九行（周祖謨君鈔）

四、伯希和四七四七刻本韻書十二行（周祖謨君鈔）

五、伯希和二〇一六寫本韻書背面殘東韻七行（周祖謨君鈔）

六、伯希和二〇一七（法二）寫本韻書三十行（周祖謨君鈔）

七、伯希和二〇一八（法三）寫本韻書十四行（周祖謨君鈔）

八、高昌出土韻書寫本殘片（德一）普魯士學士院 J IV k75 一至四（據向覺明君鈔）

九、高昌出土刻本切韻書影（德三）一至二（武內義雄敎授贈本）

十、高昌出土刻本切韻碎片鈔（德三）三至六（內 JIID1c 據向覺明君鈔附入）（周祖謨君鈔）

十一、高昌出土韻書寫本殘片（德五）普魯士學士院（據向覺明君鈔） JIV70＋71

（一）

量衡以粟生之十粟為一分十分為寸十丨為尺家語曰孔子曰布指知尺寸也　倉困反二　䃤瓦器又千見反

○坌塵也蒲悶反四　𡒄說文去義闕未詳　湓水聲　捹手丨乱　○顐秃皃也五困反二　睴視○

論講丨盧困反又曾昆反五　睔久視不入用水中試　碖大小勻皃　[illegible]　惀又盧本反　[illegible]　○奔急也走也[illegible]又音奔

○惛迷忘也呼悶反又呼昆反　○焌子寸反一然火　鐏周礼吹其丨三　鬘也　援[illegible]手　擠丨　[illegible]廿

七○恨怨也胡艮反一　○艮卦名說文從目从古恨反五　茛草名　珢石次玉　詪語也　[illegible]　䶕五根反　[illegible]

也　鑪上同　○鎴烏恨反二　丨饐飽　廿八○翰鳥毛也高飛也長也亦詞丨筆謂之丨又姓左傳曾有

二　夫丨胡旦反廿九　捍抵　攼尚書古文　皯[illegible]　犴[illegible]　釬以手丨又[illegible]　鵫天雞尒疋云小[illegible]　䮧赤身黑頭一名[illegible]

之　垾小堤　豻野狗又音岸　釬丨金鐵　[illegible]　悍[illegible]　螒[illegible]海[illegible]

閈里門也閭也　[illegible]　駻馬高[illegible]　鶾長毛[illegible]

附録九　高昌出土刻本切韻書影（德三）一至二

附錄六　伯希和二〇一七(法三)寫本韻書三十行

支(章移反)脂(旨夷反)魚(語居反)虞(語俱反)共為一韻

通若賞知音即須輕重有異呂靜韻集夏侯韻略陽休之韻李季節音譜杜臺卿韻略等

各有乖互江東取韻与河北復殊因論南北是非古今通塞欲更捃選精切除削疎緩顏外史

蕭國子多所決定魏著作謂法言曰向來論難疑處悉盡何為不隨口記之我輩數人定則

定矣法言即燭下握筆略記綱紀文藻即須閑辯殆得精華於是更涉餘學兼從薄宦十數

年間不遑修集今返初服私訓諸弟凡有文藻即須聲韻屏居山野交遊阻絕疑惑之所質問無

從己者則生死路殊空懷可作之歎存者則貴賤礼隔已報絕交之旨遂取諸家音韻古今字書以前所記者定

之為切韻五卷剖析毫氂分別黍累何煩泣玉未可懸金藏之名山昔怯馬遷之言大持以蓋醬今歎揚雄

之口吃非是小子專輒乃述羣賢遺意寧敢施行人世直欲不出戶庭于時歲次辛酉大隋仁壽元年也

平韻五十四

一(德紅)東二(都宗)冬三(職容)鍾四(古雙)

江五(章移)支六(旨夷)脂七(止而)之八(無非)

微九(語居)魚十(語俱)虞十一(莫胡)模十二

(徂稽)齊十三(古膎)佳十四(古諧)皆十五(呼恢)

灰十六(呼來)咍十七(職鄰)真十八(側詵)臻

上韻五十一

一(多動)董二(之隴)腫三(胡項)講四(諸氏)

紙五(職雉)旨六(諸市)止七(無匪)尾八

(魚舉)語九(虞矩)麌十(莫補)姥十一(徂礼)

薺十二(鞵買)蟹十三(諧楷)駭十四

(呼猥)賄十五(呼改)海十六(之忍)軫

去韻五十六

一(蘇弄)送二(蘇宋)宋三(余共)用四(古[illegible])絳五

(之義)寘六(脂利)至七(之吏)志八(無沸)未九(才)

御十(虞樹)遇十一(莫故)暮十二(他蓋)泰十三

(子計)霽十四(子例)祭十五(古賣)卦十六(古壞)怪

十七(古邁)夬十八(徒對)隊十九(徒戴)代廿(方肺)

入韻卅二

一(烏谷)屋二(烏酷)沃三(之欲)燭四

(古嶽)覺五(之日)質六(無弗)物

七(阻瑟)櫛八(許訖)迄九(魚厥)

月十(莫勃)没十一(莫割)末十二(胡八)

黠十三(胡[illegible])鎋十四(先結)屑

附錄一　敦煌石室五代刊本韻書下平韻首二十五行

一□郎 唐 卅三□□ □①

卅五精□清 卅六經□青 卅七求□尤 卅八□□侯 卅九虬□幽 五十惏□侵 五十一廉□鹽

五十三兼池添 五十四□都登 五十五讒胡咸 五十六□户監 銜 五十七□語嚴 五十八□□九

○先 先 蘇前反前早又始亦徽姓 字从出又脊現反五 跣 石次玉 豨 豕起 蹮 行貌 蹮□ ○千 數十□□□ 芊 草□ 竿 箱 迁 進 仟 人長 ②

汘 水名 阡 陌又路南北 達又杜秄□ 杄 木名 邗 地名 㰇 歔小表 則□反十七 乂□□ 疾 戠 香 漣 進□ 室又□ 葏 茂草 瀌 水名 鶇

韉 箈□□又前 棧 香木 前 進先導也□ 正作前祈連反 騚 馬四蹄白 䔃 箈 籠 又□ ○天 曰貝蓋然貌 又姓他前反五 吞 亦天也 呧又姓 芺 草名

竸 見內典有 誔 彈語不正也 ●田 徒天反土地堪 徽姓古田□□□ 処亦 名六 思 □□貌□□□ 今作此佃字 佃 □ 佃 作田 又作□ 軸 轅車 踊 聲踏地 鈿 金花婦人首飾□

沺 大水 畐 冊□山穴 畋 取□禽獸 㪃 同上 阳 地名 彈 詁□ 闐 □聲振□□ 填 塞 槙 擊 磌 □□□□ 鷏 □□母鳥□□□ 俗說吐蚊蟲 日已鳴 如 畇 地名

顛 項多田反十一 巔 頂 傎 □□ 𪉂 □□ 顛 馬項白又馬□ 槇 木名 滇 池在蜀西南□廣三百餘頃上源深廣下淺狹故曰滇池黑水在其西也 瘨 □家 瘨 狂 □真

蟆 驒 野馬 ○年 禾熟曰 作秊 熟奴前反二 邾 名□ ○蓮 荷芙蕖□ □□□□ 嗹 □□□煩 拏貌□也 縺 縺寒□ 結不可解 又 蹥 蹥 □□ 憐 愛 不□ 零

漢書先零西羌 ○祆 胡神 連反二 訞 天詞 作誑 又 ○賢 辛連反堅聖□能 愈賢勝大也十六 礥 □ 弦 弓 絃 琴 □ □□ 㢧 □□ 胘 䩩□ 舷 □□

蚿 蟲之大者能□馬蚿 㢠 急 䂖 望有所 趤 起 弦 婦人守志 痃 □□ 妍 五弦反六也 研 磨

①善注似庚字。

②以下四行應與畇字齊。

附錄五　伯希和二〇一六寫本韻書背面殘東韻七行

公息志孟子稱公都子有學業楚公子田食采於都邑後氏焉公劉氏后稷公劉之後古今人表
有公房皮楚公子房之後郭泰別傳有渤海公族進附衛大夫有公上王廿本有魯大夫公
之度晉蒲邑大夫公佗廿卿秦公子金之後有公金氏齊公子成之後有公牽氏何氏姓苑云公
右氏今瑯琊人公左氏高平人又有公言公孟公獻公緇公荊公旅公仲等氏又左傳衛有庾公
差以善射聞祭公謀父出自姜姓申公子福楚申公巫臣之後衛有尹公他楚大夫逢公子仲楚白公勝之
後有白公氏文字志古魏文侯時有古樂人竇公氏獻古文樂書一篇秦有博士黃公庇古今人表神
農之有公幹仕齊為大夫其後氏焉廿本有大公琳頡又有公紀氏衛有大
夫左公沈漢四晧有園公先生尚書僕射東郡成公澈也古紅反一　功〻夫功成功績又姓又複姓成功司功　蚣蜈〻
虫　⿰耳公〻目乾神如光登人屋　鈆車〻說文曰車轂鐵也又古雙反　舡舟下　工〻官又能工治工匠亦姓　攻〻擊又切　疘下病也　釭又工　玒玉名
愩擊聲　篢〻笠方言　蒙莫紅反十七　濛涳〻細雨　⿰馬蒙驢子〻也　朦大皃　矇〻瞽　艨〻艟戰船又武用反　饛盛食滿皃　⿰長蒙
馬垂也　檬似槐葉黃　⿰酉蒙麴生衣皃　⿰麥蒙上同　冡覆也亦作冢　⿰酉蜜蒙同字　幪覆也蓋衣也又〻轂　鸏〻鳥鳥也　罞麋罟謂之〻

紅反卌　饛盛食滿也　濛々汜日入處水名又小雨　[髟蒙]馬毛　朦々大　矇々瞽　[馬蒙]馬子　曚

[衤蒙]襤衣　懞心不明又上　幪巾　鸏水鳥　冡々霿　霥零雨　[冡皿]竹器　䤓濁酒

織竹編箬菜以覆船　[竹夆]車上帆　髼鬆乱又　[車夆]車聲　[金逢]小舌乱飛　熢々㷭　芃々茸盛皃　[音凡]

蟲反一　·雄々雌英雄羽隆反四　[石肖]石々　[豕古]如蟲似豕在地下　熊々羆又姓　·弓弦木為弧即弓矢又姓居隆反五　躬

宮縣名水名　·穹々天是也穹廬穹曲去弓反五　芎々藭　邛地名　[忄宮]々憂又怨　[穹虫]々蠪　·山

從足始　竆羿治有窮國名　·[豸升]獸名如豕置弓反一　·終々竟々緘紒也綿絲又姓職隆反十五　泈々水名　柊木々旅椎為冬

戎人呼之　螽蝗々蟲々春虫　鼨々龟又疼　眾多又去　[雨眾]小雨又　[金眾]　又　潨小水入大水又在冬反　[豸眾]

黄　蜀葵又藂日有五色又　似木槿而光色亦茙葵也　[竹戎]

附録三　伯希和二〇一六(法二)寫本韻書十九行

必具言之子細研窮究其

言

鄭重詳思輕重其分不令恩糅紕之金篋珎之寶之而已㦲

巢穴澄

寧詞阻險敢不躬談一泝愚心克諧雅況依次編記而不別番其一字數訓則

執優而尸之劣而副之其有㦯假不失元本以四聲尋譯冀覽者去疑宿滯者豁

如也又紐其脣齒喉舌牙部件而次之有可紐不可行之及古體有依約之並採以

爲證庶無壅而昭其憑起終五年精成一部前後總加四万二千三百八十三言仍篆

隸石經勒存正體幸不譏繁于時歲次辛卯天寶之十載也

切韻平聲上第一　凡廿八韻

一德紅東　二都宗冬　三職容鍾　四古雙江　五章移支　六旨夷脂　七止而之　八無非微　九語居魚　十遇俱虞

[illegible]祖[illegible]古[illegible]佳　十[illegible]古[illegible]皆　十五呼灰灰　十六呼來咍　十七職鄰真　十八之純諄　十九側詵臻　廿武分文

附錄二　敦煌石室五代刊本韻書下平卅三宵卅四肴十三行

雪皃。䕯〻□可爲勺扶宵反三　飄迴風之迴飇　鄛地名。䖢虫狀生無遥反五　𢠸□於□　虫□　□□呼□□　翹鳥

哩□□□　䒕□□□□　𦐒□　腰〻脊於宵反□　𠰿□　蟯虫名蟯〻蛇　□□□　鷂鴞鳥名　要〻終勒　邀〻迎之。趬〻翹去遥反六　□〻也　僥

□□□□　顤大顟　㑾大肥　毳蹹從足橋又　繑行皃。喬水鳥又姓巨□反十□　喬正字　寠□　蕎麦〻　橋道〻　僑寄〻　鐈□□□□　□

趫〻善走又去要反　翹飛皃　盉□□。驕舉喬反馬高六尺名七　穚禾秀　嬌〻□　憍慯　撟舉　簥大管〻　鷮似雉而小長毛乘輿□防□　□□□□

遥反又其□反六　□　鷮乘禹所　穚〻新　憍□□　獢引〻　獢色犬。鴞□〻惡鳥聲　□□　□□□□　鴞□□□。妓巧□於〻　䈾□〻　梜木盛　詨言〻　□

和舒　䝚□和□。苗田〻武憍反三　猫飛□□　莫交反　䖺□□　釗名器。囂喧〻□又氣〻□□反十　囂晉□□　□□　鄡□□□□　嚻〻傲□何　□歔　歊

大磬　獢猲〻短喙犬　枵玄〻星名又太歲在子曰玄〻又水名也　傜□　□□。茁　肴□交反一云　□肴　崤山名崤澤

痛聲　嗷雜聲　藙茅根　鄗地名　虓虎聲又縣名又直交反　爻〻效也易卦六爻　□　□黄

泱〻〻　筊〻蕭。虓〻虎火交反十八　髐〻〻　嗃〻熱又呼各反　獢〻□　滈水名　□　□〻風　歊

哮叫〻又去　豿豕　驍驚　倖〻僥大也　犃〻牛又去　䫜□人面□狀鴞

目深皃也　咬淫聲　交皮過交脛間也并合交脛像形古遶格肴反十七　茭

目據五代刊本補足。

附錄八　高昌出土韻書寫本殘片（德二）

普魯士學士院　JIIk75　一至四

一

仳 鸆 匕卑履反六 妣又甫至反 秕

菱四 鮪魚名 痏創 䵋黄白

□□軌反一 壘力軌反八加二 礧〻不畏 猚 狁

□腹加一 癸居誄反一 否符鄙反五赴也又方久反

□ 豨曰水反一 唯以水反五 蓶似馬悲 鮪蟹子

虫履反 跽暨几反一長跽 巋丘軌反一

倚 𢼛頁反一里 喜虛里反 以羊止

踈三士

二

器飯 祛

……語具反 ……具樂同

一

三

疒

枍 戲〻 鷬鳥〻 鷄 逋博孤反四加八 鋪 餔 □

刘也 朱 誧 諫 枯苦胡反三加二 剞 剞破 剞地名 珁

卧 都丁姑反三 箸竹名 闍又遮時反 鑄普胡反五加一 鋪

十二齊徂兮反五加一 臍〻脆 麡似〻麋狼獸 蠐〻蚓

附錄七　伯希和二〇一八（法三）寫本韻書十四行

色青黃又細絹 璁石似玉 驄馬色 蟌蜻蜓淮南子云蝦蟇為鶉水蠆為蟌加 通達也亦州名夲漢渠又姓他紅反四 蓪

緵〻縷 㚇飛而斂足又側賣反 鬷釜屬又姓傳鄭大夫鬷明 嵏九 㺒犬生三子 豵豕生三子 鯼石首魚 椶〻減

鍐三鍐鈴屬出異物志 堫種也一曰內其中 蓬草名亦州曰蓬山而名之說文從蓬薄紅反六加四 䡫車䡫 篷織竹以編箬覆船

二 冬

冬〻終也亦姓前燕慕容鈋左司馬冬壽都宗反二 苳草名 彤〻赤也舟餘也亦姓彤伯為成王宗伯徒冬反七加一 疼〻

賨西戎廣雅云戎稅藏宗反五 琮瑞玉 悰慮一曰樂 潨小水入大水又之戎反 淙水聲 農田也者同又姓

聲戶冬反二加一 洚水不依故道說文道也 隆力冬反二 宗衆也夲也尊也亦姓伯宗之後出南陽又複姓宗伯宗正二氏作冬反

鐘樂器或作鏞 蚣阜螽蚣蟲 忪心動 竹公長節竹 彸征彸行皃 妐夫兄 衳小褌 伀說文云志及衆加 𡣵字樣云夲音同今為木橦字加 𥫱〻籠竹名加 龍之後力鍾反七加三 音

瓏圭為龍文 躘〻蹱小兒行皃亦蹱字丑凶反 鸗鳥名 驡說文云野馬加 龔廣雅云𡻬也加 籠竹名加 𥫱籠 舂世本曰雍父作舂書容反五加一 樁橦也 踳蹋 鱅〻䲦

惷愚加 松玄中記曰松脂入地千歲為茯苓亦州名舜竄三苗于三危南羌是也祥容反二 訟爭又徐用反 衝當也向也㩅也說文通道也尺容反六加一 罿網 憧往來皃 幢陷陣車 艟艨艟戰

水名出 常也用也功也和 墉垣也 牖 𤛮似牛領有肉說

附録十

高昌出土刻本切韻碎片鈔（德三）　三至六

三

說文作……出

其一作　俗也弥箭反二

續　書曰孫程十九人

賜金指丨環尺絹反五　竁　竄也

又。掾　官名或作掾也以絹反四　緣　衣衿邊丨

右　寰　上同。⿰田耎　城下田書籍多作堧壖人絹反又……

垂皃又力二音　葥　草名似覆盆尓足去丨山莓　葥

煎　熬丨又將仙反　媊　女丨太白星妻名南

盛　失延反　傓　盛熾　扇　蠅動丨扇

又　堰丨埭。眷　丨屬又本顧視也序

四

僬　行容止皃又音譙　趭　走皃

周有守祧之

……二

JⅡD1b

（二）

袍袋 矸石淨。岸涯丨又水際五旰反十一 銲鐵石 犴五[illegible]

丨馬行又翳白額至脣 [illegible]黲文去火色 巘額也 [illegible]也 喭弔[illegible]五[illegible] [illegible]姓 [illegible]春[illegible]官 五[illegible]氏

反又苦旱反六 偘上乾 䮗乾 看視也望也又苦干反 衎樂也[illegible]

㵎玉篇古文 [illegible]日氣乾 暵耕田燥 熯火乾 罕抱也[illegible]

小濕乾也 [illegible]冬耕地也 厂山石之崖。爤[illegible]郎旰[illegible]

籣飾相著 鑭光丨又平 讕丨言[illegible]名。攔[illegible]丨也[illegible]反 灘[illegible]他丹[illegible]矣

惠也又奴旱反 難[illegible] [illegible]安也[illegible] 幔[illegible]巾[illegible] [illegible]又音按。粲[illegible]也 好良又[illegible]也 明也又[illegible]姓

蒼蔡 粲三女為丨 燦明淨 瓚玉[illegible] 明也 [illegible]

反八 美女良 [illegible]美 蘩[illegible]草可為[illegible]

丨[illegible]文[illegible] 所以[illegible] [illegible]也蘇旰反六 散分離也布[illegible] 糤[illegible]

章良 [illegible] 蘇旱反六 [illegible]旱反丨[illegible]

[illegible] 一日 [illegible] 餃 [illegible] 㪔 [illegible]

十九武分文廿於斤殷廿一愚袁元廿二戶昆
痕廿四胡安寒廿五所姦刪廿六所間
山廿七蘇前先廿八相然仙廿九蘇彫蕭
卅相焦宵卅一胡茅肴卅二胡刀豪卅三
古俄歌卅四莫霞麻卅五徒含覃卅六
徒甘談卅七与章陽卅八徒郎唐卅九古行
庚卌古莖耕卌一子盈精清卌二倉經青
卌三雨求尤卌四胡溝侯卌五於虯幽卌六
七林侵卌七余廉鹽卌八他兼添卌九
諸膺蒸五十都滕登五十一胡讒咸五
十二戶監銜五十三語驗嚴五十四符芝凡

十七武粉吻十八於謹隱十九虞遠
阮廿胡本混廿一胡墾很廿二胡滿
旱廿三數板潸廿四所簡產廿五
蘇典銑廿六息淺獮廿七蘇鳥篠廿
八私兆小廿九苦絞巧卅胡老晧卅一古我
哿卅二莫下馬卅三古禫感卅四古覽
敢卅五餘兩養卅六堂朗蕩卅七
古杏梗卅八古幸耿卅九疾郢靜卌戶鼎
迥卌一云久有卌二胡口厚卌三於糺黝卌
七稔寑卌五以冉琰卌六他玷忝卌七乃
拯卌八多肯等卌九下斬豏五十胡黤檻五

廢廿職刃震廿一無運問廿二許靳焮廿三魚怨願
廿五胡困慁廿六胡艮恨廿七胡旦翰廿八古晏諫
廿九古莧襉卅蘇見霰卅一私箭線卅二蘇弔嘯
卅三私妙笑卅四胡教效卅五胡到号卅六古賀箇
卅七莫駕禡卅八苦紺勘卅九苦濫闞卌餘亮漾卌一
杜浪宕卌二尻命敬卌三側迸諍卌四
尻盛勁卌五古定徑卌六尤救宥卌
七胡遘候卌八伊謬幼卌九七鴆沁
五十以贍豔五十一他念㮇五十二諸鷹證
隯山嶝五十四戶陷

十五私列薛十六先擊錫十
七私積昔十八莫獲麥十九
莫百廿胡閤合廿一胡臘
心
胡

一東德紅反二加一說文春方也又東動也從木從日又云從日在水中凍冰又東送反涷水名又瀧涷霑也同徒六
竹僮古作童子今為僮僕童古作僮僕今為童子說文童字從辛辛去山反而亂辛也男有罪曰奴奴白童女曰妾從
良又洪同縣名曈曈曨日欲明䡴衆具餙中陟隆反三中央和又陟仲反當衷善又衷衣忠蟲
終終殁洤水名在襄陽柊木名鼨豹鼠潨小水入大水又在冬冬反螽小

䴵之 鳽 水鳥一名鵁鶄一曰□渠 趼 獸名□ ○ 俓 □□反一 又□ 犴 □□反象牛脛亦
山名又作岍 𡾊 大而危有力 開 之閅 揅 見□ 豣 㽉□又豣反 雃 □□ 掔
蜀葵 鳽 鳥名 鴗 龍䶬 豜 三歲豕名 豜 大豕 鳽 鵑鳥名又研 ○ 㤵
喉之 烟 火之 燃 草之□ 𣝨 燕同上 狷 獸名又入 𨳐 閑之氏單于妻氏音支 適 ○ 眠 目
又姓市千反 箯 竹器 籩 古器 㿓 身不正又作□ 䠱 行不正也 邊 水名 槙
扁 床上片版 ○ 蹁 蹁之步田反十一 蹮 舞又邊 𥈩 貞之 㯄 □□鄰 瓠瓜□ 貞
騈 馬又并兩馬 ○ 淵 鳥玄反深水□□古 𣶒 八 鼘 鼓聲淵 鵑 群鳥 囦 人姓 娟
焆 明之 狷 皮□ 䴏 同上 蕳 草名 鵑 杜之鳥大如博穀杜宇其相□ 思□
鋗 呼玄反銅也五 駽 青驪馬又去也 梋 𣐛之 圓 規之 蠉 虫走 ○ 玄
駭 玄馬一歲 玄 黑之何故玄使番水 㳀 之他地名又□ 鳽 鳥名□之 眴 目大 ○ 卅
古好也 𥳑 小竹 𨅮 □研 鱻 鮮小 毨 之□ 以石 □鳥
○ 錢 泉貨漢書食貨志曰錢之為用□□□前 幣□為中幣刀布為下幣
心下火□ 然 火之不可用者火□也 肉之 蕤 草名 獄

地名 郱 地名 汧 水名又作□岍 岍
燕 之又姓閅 蘞 竹名 灊 水名 鄰 地名 □□□
□ □□ 盡 腘 □□ 㿓 目傍 薄之 ○ 邊 □□
扁研 器 編 蹁 足不正也

姜亮夫鈔原注：「此在二〇二四號，凡七頁，此在卅一宣一頁之後，字體與卅一宣一頁相近。」

炊氣上出又祝融後余陵反四㵐沖ㄑ水皃融正字ㄑㄑ然今省舟

融又虫盅器虛又虫烛火氣・蟲有足曰蟲俗作虫直

草名又茾・隆高盛力中反鼜

妃呑乁祀蛾虫名䮯細毛崧而高曰ㄑ硹

十一胡 模 十二 [illegible] 齊 十三 [illegible] 佳 十四 [illegible]

廿一殷於巾 廿二元語袁 廿三魂戶昆 廿四痕戶恩 廿五寒胡安 廿六桓乎官 廿七刪所姦 廿八山所閒

東 動〻四時之始在木中公而宗又複姓十四氏東里東野東萊東門東郭東郊東宮東閭東陵東周東方東陽東鄉東閣東樓德紅反十五 涷 水出發鳩山又去又山 䍶 獸名似羊一角一目〻在耳後

又去又音陳也 錬 隋墜犁又轄 鰊 魚名似鯉 倲 獨行皃又姓也 徚 行皃 棟 列水〻樀 崠 崠〻如山山名 埬 上〻地名 蕫 〻風草名 蝀 螮〻致〻科斗又蝃東 鶇 鶇鳥名 鶫

同上 䰤 醜皃 同 和〻齊同又胡同律人姓同蹄羲複姓又同陁亦姓徒 筒 竹〻又去筩 𡨦 地下應聲 𥦗 通〻 哃 〻嘈大言 桐 蒼梧又姓〻桐山名 𣝝 摩〻推引又桐禪

〻提又去也 秱 木盛茂也 𦨴 同〻舩名 烔 〻烔熱氣 鮦 魚名魚 餇 〻䅟字 粡 同上 蚒 虫名虫 𢏕 弓同馬餙 酮 酪 絧 布名 㺔 獸名似豕出太山又

佳 駧 同 鵬 〻鳴名鳥 鄏 鄉名 童 古〻僕字今童子正從辛里聲作此童又姓礼男有罪曰奴〻曰童女曰妾〻字亦從辛下女也 僮 古〻子今〻僕又 瞳 目〻子 犝 無角牛 羶 小羊 潼

水在華陰又潼關又赤容反河 曈 〻曨日欲明 㠉 裝束 橦 木名花可為 衕 通街 峒 山名 閚 宅江反 䳋 鳥 甌 井䍃 瓾 云車上囟又尺容反鳥囟 鶇 〻觀

水鳥了 達巷也 篷 反九 竹名可以為眼 蓪 〻草藥名 通 水名 龍 山〻 巃 〻嵸山皃 讋 大聲 聾 耳 櫳 房 龍 〻

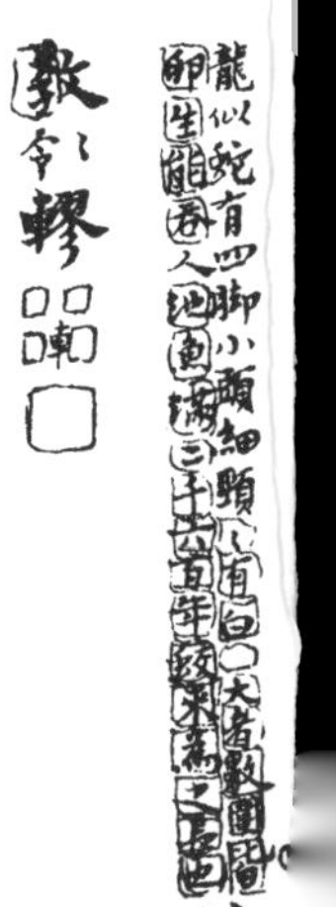

□廢十二加二 姨□□

噣々噣 蝎側陽反 無反

又憶倶反 盂 邘地名 雩祭名又況于反 咢

反十六 斣 句 車靴 氍々向

黵 而 綈々綈 盠似鉢飲器 為 邌徐 鑒 名□ 𦽂

低丁兮反十加三 氐々羌 袛短衣 磾々金日 □

竹名 提携 詆訶又丁礼反 瑅玉 隄防 稊秫 □

唐□□ 駃騠又 褆衣服好 鵜鳥々胡 蕛

此 狴犴々犴 □

四

十九文 武分反十一 聞 蚊

妏女字 紋々紛 汶水名 雯

氳氤々 鼖大鼓 轒□□ 涒

鴍

江水大波 䈬竹々□

濆水□ □ 羒羊 □

□□ 春鷹 憤 潰 纁云々朱 □ □

熏許云反 曛入日 纁三

潼〔潼又音同加〕容〔盛也儀也受也又姓八凱仲容之後以恭反十六加二〕溶〔水皃又音勇〕慵〔……宜蘇山〕庸〔……也次也易也又姓〕墉〔……墉也〕

支㺢猛獸也　鄘〔國名〕傭〔〻儥丑凶反〕鷛〔〻鶏鳥名似鴨雞足〕[容瓦]〔甖〕鱅〔魚名又音慵〕蓉〔芙〻〕[虫庸]〔鯈[虫庸]色如黃蛇有羽加〕傛〔〻華名加〕

封〔大也國也厚也爵也府容反又方用反二〕犎〔野牛〕胷〔膺也亦作匈肖許容反八加一〕凶〔〻禍〕銎〔懼也又斤斧柄孔〕洶〔水勢〕恟〔懼〕兇〔惡〕訩〔衆語〕

匈〔〻奴〕顒〔仰也魚容反三〕鰅〔魚名〕喁〔噞〻〕邕〔於容反九加一〕噰〔和也与邕略同又雍奴縣名在〕

同 匕
秦官掌
姓五氏
施卜之後
丨何
燒 放又

JIID1a

白
褒 方廟反 又表出
丨繞 卷物
反二
尉 亦姓周禮丨
後也又音教 窌
吳 交
卌六。
字也

守丨也 眉
色 眦名反
少 幼丨 書曰丨 漢
食也又姓 漢
有曾惠公
孔子弟子
又失
。趙 巨要
効 具也 學也
成也

JIID1d

左面上下二段據向覺明先生鈔錄增補與右面上下二段爲一板

行其 之
爲言傚也 孝反
覺 音睡 又 膠
。孝 丨順 中天子丨龍負圖 曰父善
呼 哮 喚也又
教反六 呼交反 涍 水名
教反六 繂 草 上

又
古者
斛 平升斗
在其
又 酵

丨趙 胱白
。鶴 白丨也
丨雉今

D1C

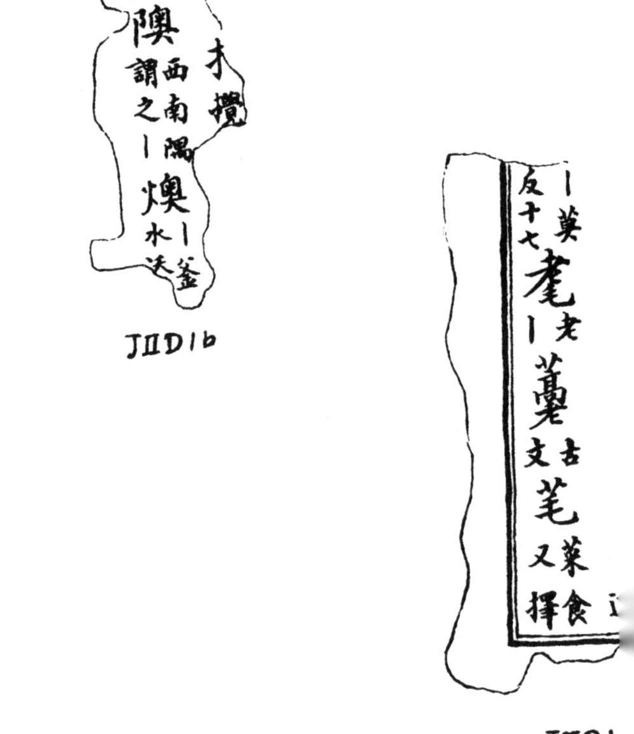

此當為翰韻一板之殘片

賤 濺木

JIID1b

丨石雷駭也。趠五

飤掣木小㪣上同娋皃

煎皃。橈木曲奴教反又如昭反四淖

笊籬丨。靤面瘡防教反四

同[糸幼]悪綃也又初爪反又洲反耖

。靿鞾丨教反五柪禨丨幼

好也五教反又岳洛二立磽磝丨不

兵十消雨濺

衣又直角反焯火急

反側教反四[广焦]縮也小也亦瘷

抄略取也初教反八鈔

[舟少]船不安也罺小網

又反軪車有機車。樂

反棧閣。棹舟除教反。

士交

驁馬[illegible]陸地行鷙志

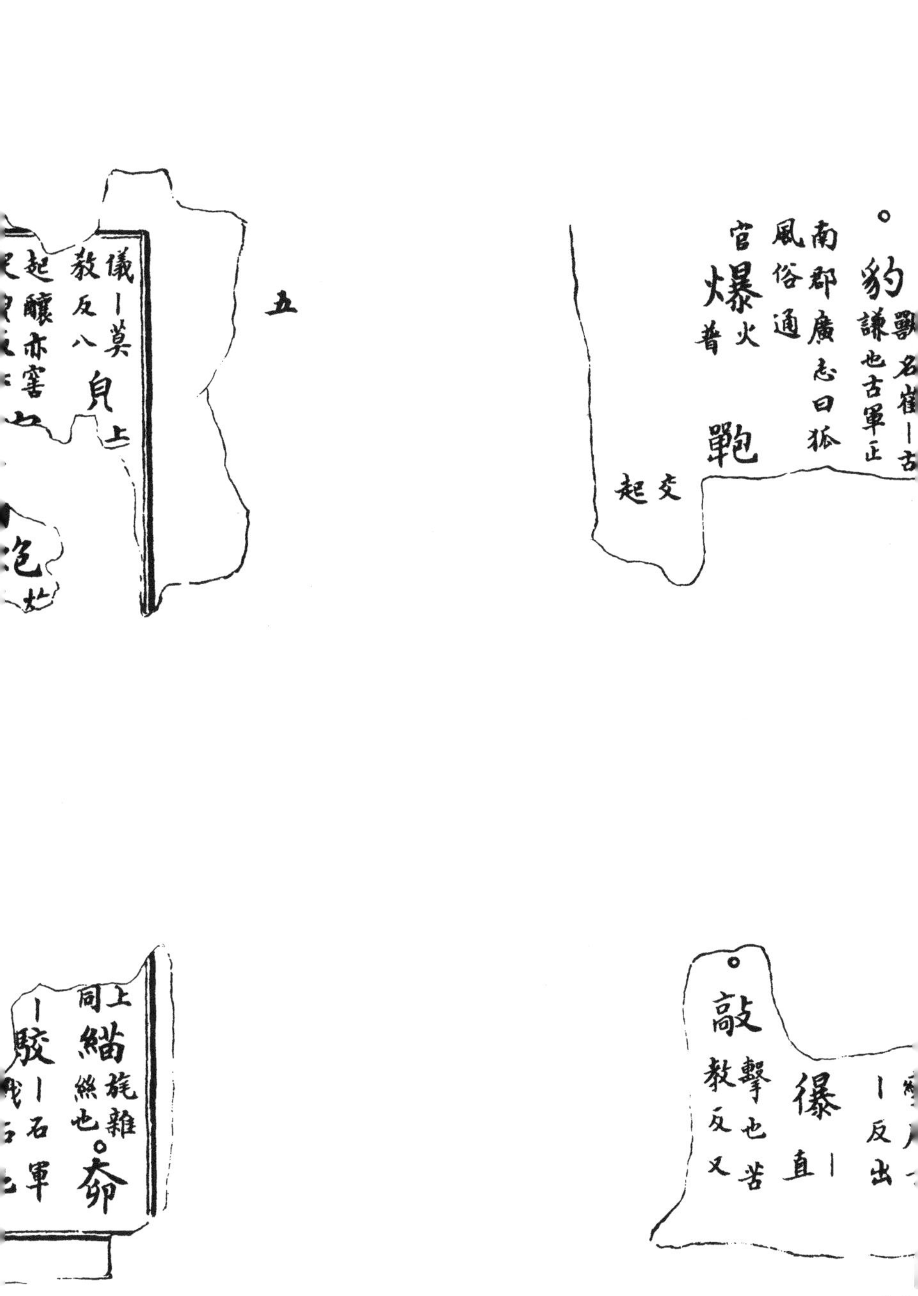

○豹 獸名雀丨古 謙也古單正
南郡廣志曰狐
風俗通
官 爆 火 普
鞄 交起

五

儀丨莫 教反八
皃 上
起釀亦窖
皰 炊

上同 緢 旄雜 絲也 ○奅
丨駮 丨石 單

○敲 擊也苦 教反又
㦎 直丨
丨反出

JII

附錄十一　高昌出土韻書寫本殘片（德五）

普魯士學士院

JIV70+71

JIV
70+71

十一救

五十以贍豔呂與梵同百與掭同今並

五十四户鑑陷李與鑑同夏侯別今依夏侯五

口貢貢古送反四加一贛賜[illegible]小杯灨水名中

、倥誠心鞚馬ː[illegible]作弄反四